독립혁명가 김원봉

독립혁명가
김원봉

글·그림 **허영만**

가디언

조국 광복에 온몸을 던진
의열단원들에게
이 만화를 바친다.

차 례

1905년 11월 17일 (약산 8세)	대한제국의 외교권을 박탈하기 위한 을사늑약 체결

1908년 12월 28일 (약산 11세)	대한제국의 토지 및 자원 수탈 기구 동양척식주식회사 설립

1909년 10월 26일 (약산 12세)	안중근 이토 히로부미 암살

| 1910년 8월 29일
(약산 13세) | 한일합병조약 공포 |

| 1914년 7월 28일
(약산 17세) | 제1차 세계대전 발발 |

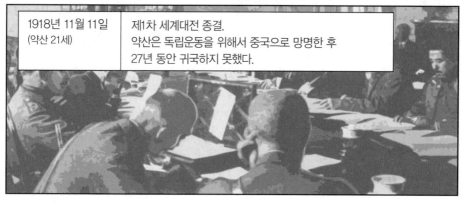

| 1918년 11월 11일
(약산 21세) | 제1차 세계대전 종결.
약산은 독립운동을 위해서 중국으로 망명한 후
27년 동안 귀국하지 못했다. |

1919년 3월 1일
(약산 22세)

중국 남경

약산!
지금 조선 땅에서
난리가 났다!

일제에 항거하여
대대적으로 봉기했대!

독립혁명가 김원봉

약산, 우리도
빨리 움직입시다!

그 당시 약산 김원봉은
군사학 공부를 위해
중국 남경에서 유학하고 있었다.

아… 아직
군대를
만들지도
못했는데….

약산!
탑골공원에서 읽었다는
독립선언서를
구해 왔어요.

으음!

이건
아니야!

독립혁명가 김원봉

탑골공원에서 낭독한 것은 나중 일이었어요.

3·1 운동 대표 33인은 군중이 모여 시위가 폭동으로 변할까 봐 모임 장소를 탑골공원에서 요릿집 태화관으로 바꾸고 독립선언식을 치른 뒤 일본 경찰에 통보하고 자기 발로 잡혀 들어갔답니다.

'민족이 당면한 문제는 민족 스스로 해결해야 하며 미국은 그런 민족을 돕겠다'는 미국 윌슨 대통령의 민족자결주의 얘기를 믿었기 때문입니다.

만세 운동을 일으키면 미국이 일본한테 한국에서 물러가라고 할 것이다?

미국의 민족자결주의가 우리나라에도 해당된다면 파리평화회의에서 김규식이 연설할 때 돕는다고 나왔어야지요.

우리가 일본에게 외교권을 빼앗겼던 을사년에 가장 먼저 공사관을 철수한 나라가 미국이었어요.

미국은
필리핀을 차지하는 것을
일본이 눈감아주는 조건으로
일본의 조선 강탈을
도와줬다고요.

일경(日警)은 전국 각처에서 기병한 의병들을 재판도 없이 현지에서
체포하여 무참히 살육하는 만행을 저질렀다.

청나라, 러시아, 미국을 믿다가 일본에게 먹혔는데 미국을 또 믿어?

우리가 만세를 외치면서 광복을 달라고 하면 "아이고 그러시지요" 하면서 일본이 그냥 물러갈 것 같아?

이러면 안 돼! 그놈들이 이 땅에서 한 짓이 있는데 열 배, 백 배 돌려줘야지!

그러나 현실이 그렇지 못하다.

고모부!

황상규

밀양 출생. 약산의 고모부. 독립운동가. 3·1 운동보다 1년 앞서 중국에서 선포한 대한독립선언서에 서명한 39인 중 한 사람. 상해임시정부의 군자금 모집을 담당했다. 총독부 요인과 친일 분자의 암살, 관공서 폭파를 위한 폭탄을 가지고 국내에 잠입했다가 체포되어 7년을 복역했다. 김원봉과 의열단을 만들었다. 1963년 건국훈장 독립장이 추서되었다.

중국에서 일군과
싸우기 위해 군대를
양성한다는 것은 쉽지 않다.
군자금 조성도 그렇거니와
무기 구입도 어렵다.

그래서 작지만
강한 단체를
만들어서
일본과
싸워야 한다!

동감입니다.
고모부!

그렇잖아도 파리강화회의 때
우리 대표를 보냈었습니다.

파리강화회의 대표는
상해에 있는 신한청년단이
김규식을 대표로
보냈었는데
너희도 보냈어?

독립혁명가 김원봉

우리 대표를 보낸 것이
아니라 회의에 참석하는
일본 대표를 암살해서
조선 민족의 독립 정신을
세계만방에
알릴 작정이었죠.

결과가 알려지지
않은 걸 보니
실패했구나.

예.

4년 전 국내 무전여행 때 만난
김철성을 자객으로 보냈는데
며칠 동안 일본 대표를
지켜보면서 기회를 살폈답니다.

기회를 잡고 짐을 풀었더니
권총과 실탄이 없어져
버렸답니다.

저런!

누군가가 숙소에서
무기를 훔쳐 간 것입니다.

김철성은 분한 마음을 누르고 귀국했지요. 그 소식을 듣고 저 역시 분하기 짝이 없었습니다.

나중에 밝혀진 일이지만 파리에 가 있던 동료가 권총을 빼 갔다는 겁니다.

으음···. 과격한 걸 싫어하는 부류들이었겠구나.

고모부, 저는 3·1 독립선언서보다 대한 독립선언서와 같은 생각을 가지고 있습니다.

1919년 2월 1일 우리나라 최초의 독립선언서로 알려진 대한 독립선언서(무오 독립선언서)가 만주 길림에서 선포되었다. 외교론에 입각한 다른 독립선언서와는 달리 '일본의 합방 수단은 사기, 강박, 불법, 무력을 통한 것이며 일본의 합방 결과는 정치·경제적 압박으로 민족을 말살하고 종교를 협박하고 교육을 제한했다. 따라서 합방은 무효이며 정의의 칼로 나라를 훔친 적을 잘라버리자'라고 선포하며 우리의 힘으로 자결을 단행할 것 호소했다.

18

작지만 강한 방법으로
일본과 싸우겠습니다!
정의로운 열혈 지사를
모집해 단체를
만들겠습니다!

고모부는
상해 임시정부에서
군자금
담당이시죠?
저한테 도움을
주세요!

으음….
그래야 하는데
임시정부도
걱정이 많구나.

예?

이승만이 미국에서 공부했고
박사 학위까지 있다고 대통령으로
추대했는데 상해로 오지 않고
계속 미국에 있는 거야.
중국은 위험하니까
안 오는 거지.

미국에서 임시정부와 의논하지 않고
독단으로 일을 처리했어.
심지어 국채도 마음대로 찍어서
빚을 지워놨어.

이승만이 임시정부의 재정을 틀어쥐고
돈을 내어놓지 않으니
다른 독립 단체를 지원할 수 없었다.
샌프란시스코에 세울 예정이던
비행학교 사업도 중단했다.
마흔다섯 유부남이었던 이승만은
임시정부에 모인 돈으로
스물도 안 된 처녀와 고급 호텔을 이용하며
불륜을 저지르고 있었다.

이승만은 권력만 있고
책임은 없는 대통령이다!

일본도 이 일을 알고 있을 테니
얼마나 부끄러운 일이냐!

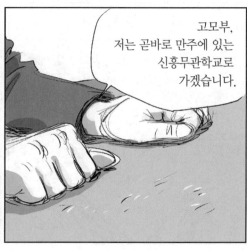

고모부,
저는 곧바로 만주에 있는
신흥무관학교로
가겠습니다.

약산은 신흥무관학교에서
총기 다루는 법과 폭탄 제조법을
익혔다.

신흥무관학교에는
3·1 운동 이후 심해진
일본의 압박을 피해
망명한 조선인이
많이 있었다.

이때 사귄 이들은 약산과 평생을 함께한 동지가 되었다.

1919년 11월 9일 길림성 파호문 밖

휘이이이

이이이

혼자 왔겠지?

예?
그럼 혼자지요.
누구….

일본군 끄나풀을 달고 온 것은
아니냔 말이다!

헉!

농담이 지나쳤소.
자리에 앉으시오.

그날 모임은 약산 김원봉
포함 열 명이었다.

이들은 독립운동 조직을 만들기 위해 모였다.
혹독한 만주의 추위도 대한 독립을 위한 이들의 열정을 누르지 못했다.

밤새 토론한 끝에 다음 날 아침에야 윤곽이 드러났다.

약산은 의열단의 단장으로 선출됐다.

자유와 독립은
우리의 힘과 피로
쟁취하는 것이지
결코 남의 힘으로
얻어지는 것이 아닙니다!
조선 민중은 능히 적과 싸워
이길 힘이 있습니다!
그러므로 우리 의열단원이
선구자가 되어
민중을 각성시킵시다!

의열단 공약 10조

1. 정의를 맹렬히 실행한다

2. 조선의 독립과 세계의 평등을 위하여 온몸을 바친다

3. 충의의 기백과 희생정신이 있는 자라야 한다

4. 조직의 뜻에 따르고 조직원끼리의 의리를 최우선으로 한다

5. 의백(義伯) 1인을 선출하여 단체를 대표한다

6. 어느 때 어느 곳에서나 매월 한 번씩 보고한다

7. 어느 때 어느 곳에서나 부름에 답한다

8. 죽음을 두려워 말고 조직을 위한다

9. 하나가 아홉을 위하고 아홉이 하나를 위하여 헌신한다

10. 조직의 뜻을 어긴 자는 처형한다

마땅히 없애야 할 7 가살과 5 파괴 대상	
7 가살 대상	**5 파괴 대상**
1. 조선 총독 이하 고관	1. 조선 총독부
2. 군부 수뇌	2. 동양척식주식회사
3. 대만 총독	3. 매일신보사
4. 매국노	4. 각 경찰서
5. 친일파 거두	5. 기타 일본 성향 중요 기관
6. 적의 밀정	
7. 악덕 지방 유지	

가능한 단원들을 최대한 모집합시다.

그러나 앞으로 들어오는 단원들에게는 서로 얼굴을 보여주면 안 됩니다.

체포될 경우 자결을 택하겠지만 자결에 실패하면 고문에 못 이겨 동지들의 이름을 토해내게 됩니다.

이 조직은 점조직이어야 합니다.

권총을 모으시오!

폭탄을 모으시오!

1화 의열단 결성

의열단의
첫 번째 의거를 시작으로
일본 놈들이
공포에 떨도록 해줍시다!

곽재기 동지, 이성우 동지,
서상락 동지는 조선으로 들어가서
6월 거사 진행을 준비하시오.

곽재기 동지는 거사에 필요한 자금과
동지들을 확보하고 이성우 동지는 국내와
본부를 잇는 연락을 담당하고
서상락 동지는 폭파 대상을 물색하시오.

독립혁명가 김원봉

이성우 한양 입성 성공	서상락 부산 안착. 출입이 자유로운 공공건물 뒤지는 중	곽재기 밀양에서 동지들 모집 중
ㅅㅐ ㅅㅣ ㄴ ㄹㅏ ㅇ ㅊ ㅓ ㄱㅏㅅ ㅈ ㅣ ㅂ ㄷ ㅗ ㅊ ㅏ ㄱ	ㄷ ㅗ ㄹ ㅂㅐ ㅅㅓ ㄱ ㄱ ㅏ ㄱㅔ ㅌ ㅓ ㅇㅕ ㄹㅓ ㄱ ㅗ ㅅ ㅁ ㅜ ㄹ ㅅㅐ ㄱ ㅈ ㅜ ㅇ	ㄷ ㅗ ㅇ ㅇ ㅓ ㅂ ㅈㅐ ㄹㅕ ㄱ ㅈ ㅏ ㄱ ㅗ ㄹ ㅡ ㄴ ㄴ ㅈ ㅜ ㅇ
(새신랑 처갓집 도착)	(돌배석 가게 터 여러 곳 물색 중)	(동업 재력자 고르는 중)

무기 구입이 용이한 마적단은 워낙에 믿을 수 없는 집단이라서 무기는 받지 못하고 가져간 돈만 뺏길 우려가 큽니다.

상해에서 연락이 왔습니다.

중국 사람에게서 폭탄을 넉넉하게 구입했답니다.

일본군에게 발각되어도 한꺼번에 뺏기지 않게끔 여러 갈래로 나눠서 국내로 보내겠습니다.

외국인의 책 짐 밑에
깔아서 보냈습니다.

국내로 수입하는
농산물에 섞어서 보냈습니다.

배 밑바닥에 깔아서
보냈습니다.

국내로 들어가는
장례차 관 밑에 깔아서
보냈습니다.

상주가
돌아가신 아버님이
크게 노하실 것이니
안 된다고 해서
어려웠습니다만
우리의 뜻을 알고
선뜻 허락했습니다.

32

잘린 조선인의 목을 줄 세워놓고 사진을 찍었다.
일제는 처형 뒤에 이런 사진을 공개함으로써 시민 궐기에 제동을 거는 심리전을 폈다.

거사 자금에 보태 쓰라고 가을 추수 때까지
가족들이 먹어야 할 곡식을 내놓는 동포 때문에
기쁘고 슬퍼서 통곡하고 말았습니다.

군자금은
목표치를
채울 것 같습니다.

단장의 고모부이신
황상규 선생님의 힘이
절대적이었습니다.

경성

아, 이거 추위도 가고
따뜻한 봄날이 됐는데
꽃놀이도 못 가고 여관방과
우체국만 들락거리다니….
쩝.

경성우체국

암호로 보낸 전보는
먼저 미곡상으로 보내졌고
다시 세 곳을 더 거쳐서
의열단 본부로 보내졌다.
발각되더라도 중간 연락망을 끊어서
위험을 줄이는 작전이었다.

멋쟁이 선생님.

나 말입니까?

좋은 시계 하나
장만하시지요,
에잉~

이 시계요?

에잉~ 야단났네.
시계를 하나 팔아야
아이 학교 월사금을
낼 수 있는데….

월사금 안 주면
학교 안 가겠다고
5일째 집에 박혀
있거든요, 에잉.

안 사도 좋으니까
구경이라도 해볼래요?

이거 제대로
가는 겁니까?

에잉~
덴뿌라로 장사할까.

에잉~ 손님 시계
오래된 것이네요.

가다 서다 그럽니다.
고물이지요.

에잉~ 사업하시는 분이
제대로 된 시계를 차고 있어야
약속을 잘 지킬 수 있죠.

독립혁명가 김원봉

내가 사업을 한다고요? 어떻게 아셨죠?

우체국에 자주 들락거리던데 애인한테 그렇게 자주 연락하겠어요? 사업하니까 그런 거지, 에잉~

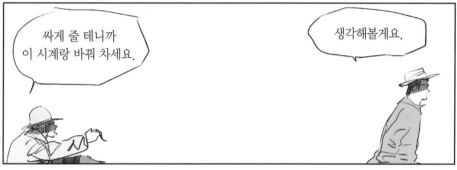

싸게 줄 테니까 이 시계랑 바꿔 차세요.

생각해볼게요.

리상 전보요.

리상, 복상, 긴상… 언제 내 이름이 이성우라고 제대로 불릴까….

음….
진행이 잘되고 있군.

이대로라면
금방 거사를
치를 수
있겠어.

에잉~
또 오셨네요.
멋쟁이 선생님.

아 예.

이모 해산날 선물을
어찌 할까요.

이렇게 전보
쳐주시오.

예.

ㅎㅎㅎ.

우리 아이에게
월사금 줘서
학교
보냈습니다.

시계가 하나
안 보이는데
파셨나 봐요.

에잉~ 팔았지요.

에잉~
일본 놈한테
바가지 팍 씌워서
팔았어요.

에잉~
일어날까 싶었는데
신사 양반 시간 있으면
내가 막걸리 살게요.

아… 아니요.
전….

에잉~
길에서 판 깔고
고물 시계 장사하지만
술 한잔은 살 수 있어요.
갑시다.

어어….

여기 막걸리 한 되하고
빈대떡 두 장 주세요!

예~

그런데 멋쟁이 신사가 옷이 없어요?
맨날 똑같은 차림이잖아요. 에잉~

여기가
객지라서….

에잉~
그런 것 같아.

어디서
오셨소?

좀 멀어요.

그래, 먼 데 어디?

에잉~
어디냐니까.

만주에서 왔습니다.

에잉~ 먼 데서 오셨구만.
거기 가신 지 얼마 안 됐지?

3·1 만세 운동 후에
일본 놈들이 못살게 구니까
그때 만주로 간 거지?

그런 사람이 한둘이
아니지요. 나라가
이 꼴이니, 에잉~

일본 새끼들 등쌀에
나도 확 도망쳐버릴까
싶었지만 가족이 있는데
꼼짝 못하지,
에잉~

벌컥
벌컥

에잉~
자, 한잔 합시다!

예.

ㅂㅗㅁㄴㅏㅁㅜㄹㅇㅣ
ㅅㅣㅈㅏㅇㅇㅔ
ㄴㅏ ㅇㅗㅏㅆㄷㅏ.

(봄나물이 시장에 나왔다)

ㅁㅣㄹㅑㅇㅇㅅㅣㅈㅏㅇㅇㅔ
ㅂㅗㅁㄴㅏㅁㅜㄹㅇㅡㄹㅂㅗㄴㅐㄴㅡㄴㄱㅓㄹ
ㅅㅣㅈㅏㄱㅇㅡㄹㄷㅏㄹㅡㄴㄱㅅㅈㅏㅇㅇㄹ
ㅇㄹㅈㅏㅇㅇㅡㄹㅈㅂㅇㅏㅑ
ㅎㅏㄴㅣㄲㅏㅁㄷㅈㅇㅇㅣㄹㄱㅏㄷㄹㅇㄴ
ㅎㄴㄱㅏㅎㄴㄴㅏㄹㄴㅏㅁㅍㄷㅇㅇㅣ
ㅈㅜㅇㄱㅜㄱㅈㅣㅂㅇㅔㅅㅓㅁㅏㅈㅏㄱㅇㅣㄴㅏ
ㅎㄴㅍㅏㄴㅎㅏㅂㅅㅣㄷㅏ

(밀양시장에 봄나물을 보내는 걸 시작으로
다른 장날 일정을 잡아야 하니까
문중 일가들은 한가한 날 남포동의 중국집에서
마작이나 한판 합시다)

폭탄이 도착했다.

밀양경찰서에
폭탄을 던지는 걸 시작으로
다른 곳의 폭파 일정을 잡아야 하니까
다음 주말에 남포동의 중국집에 모여서
의논합시다.

1905년 1월 1일 경부선 철도가 개통된 지 이틀 후
일경은 한국인 세 명을 철도 파괴 음모라는 누명을 씌워 공개 처형했다.

철컥

다들 오셨구만.

어서 오십시오.

그동안 수고하셨습니다.

한 놈이 튀었다.
잡아라!

쿵쿵쿵

쿵 쿵 쿵

쿵 쿵

쿵 쿵

다, 당신은!

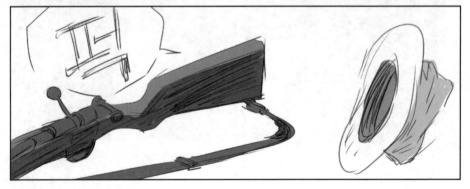

48

에잉~
그렇게 입이 가벼워서
어디 큰일을 하겠어요.
멋쟁이 선생님.

조선의 공공기관 폭파단 대거 검거

암살 파괴의 대음모사건!!

저 비명 들리지?

다음에는 너희들 차례야. 무섭지 않아?

아니.

안 무서워.

이 자식!

이놈은 비명도
지르지 않는구나.

우리는 의열단원이다.
고문 따위가 무서웠으면
고향에서 괭이질이나
하고 있었을 것이다.

이놈들 아까부터
의열단, 의열단만
지껄이고 있어!

정신병자들이야!

그 많은 폭탄으로 무슨 짓을 할 작정이었지?

7 가살 5 파괴!

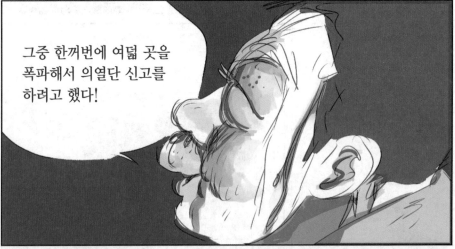
그중 한꺼번에 여덟 곳을 폭파해서 의열단 신고를 하려고 했다!

독립혁명가 김원봉

약산의 고모부 황상규를 위시해서 16명이 체포됐다. 각각 형량은 이렇다.
곽재기, 이상우 각 8년, 김수득, 이낙준, 황상규, 윤세주, 신철휴 각 7년, 윤치영 5년, 김병환 3년,
배중세 2년, 이주현, 김재수 각 1년, 강상진, 최성규, 곽영조 증거 불충분으로 무죄.

첫 번째 거사는 실패로 끝났다.
그러나 그늘에서 기죽어 지내던 한민족에게 끼친 영향은 컸다.
희망과 투지를 심어준 것이다.
일본은 조직적으로 대항하는 의열단의 존재를 깊이 의식하기 시작했다.
의열단의 움직임을 알아내기 위해, 단장 김원봉을 잡기 위해 혈안이 되어 있었다.

곧 일본군의 자존심이
뭉개진 승전보가 울려 왔다.

1920년 6월 홍범도의 대한독립군, 안무의 대한국민군,
최진동의 군무도독부군 등 총 700명이 일본군에 대승을
거두었다.

10월 김좌진의 북로군정서, 홍범도의 대한독립군, 안무의 국민군
등 연합 부대 2,000명이 일본군 5,000명에게 대승했다.

이후 일본군은 대규모 군대를 이끌고 훈춘 지역으로 들어가 조선인들을 무참히 학살했다.

1920년 8월

약산!
이 차를 타시오.

!

누구냐?

철컥

나 박재혁의
목소리를
벌써 잊었단
말이오?

박 동지!

쉬잇!

지금 그쪽으로 가면
안 됩니다.

일본 놈들이
쫙 깔렸어요.

독립혁명가 김원봉

저기 두 놈.

저기 세 놈.

그래도 사무실에 가야 해요.

걱정 마세요.
사무실에 있던 동지들은
이미 다음 집결 장소로 옮겼습니다.

동지들이 있는 사무실로 갈까요?

아니오. 난 다른 은신처로 가겠소.

살림살이가 너무 없군요.

이런 은신처가 몇 군데나 됩니까?

최소한 다섯 군데.

그런데 박재혁 동지가
오랜만에 나타난
이유가 뭡니까?

단장 소식을 들었습니다.
직접 나서서 경찰서를
폭파하겠다고….

그럴 생각이오.

첫 거사는 실패했고
우리 측 피해가 많은데
단장이란 자가
뒤에서 가만 앉아 있으면
뭐라고 하겠소?

그래서 본때를
보여주려는 거요.

목표는?

부산경찰서.

계획은?

경찰서 주변에
사람을 풀어놓고
허점을 찾는 중이오.

그러다 단장이 죽거나 잡히면
의열단은 어떻게 되겠어요?

사실 살아서 돌아올 수 있는 확률은 없지요.
더구나 단장 김원봉이라면 더욱 더!

으음….

이 일은 부산 사람
박재혁이 해야 할 일이오!

박 동지가?

나는 이미
계획을 세웠어요.

툭

이건….

하시모토 부산경찰 서장은
고서 수집이 취미입니다.
이것으로 접근하겠습니다.

내가 적임자가
아닙니까?

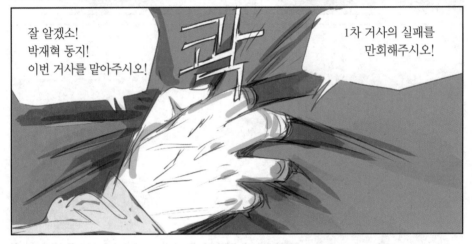

잘 알겠소!
박재혁 동지!
이번 거사를 맡아주시오!

콱

1차 거사의 실패를
만회해주시오!

독립혁명가 김원봉

조선인 처형 현장

하시모토 서장님,
제가 가져온 고서는
아주 만족스러울 겁니다.

어서
구경합시다!

자!

에이~
이것은 흔해빠진
족보잖아!

나 하시모토
이런 수준이 아니야!

맨 아래에
큰 선물이 있습니다.

뭔데?

이… 이건!

나는 상해에서 온
의열단 박재혁이다!
1차 거사의 실패를
만회하기 위해
너를 죽이려는
것이다!

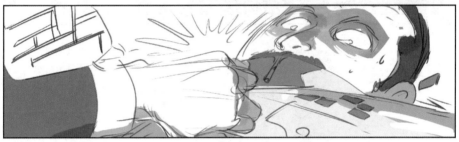

던지면
빗나갈 수 있으니
나랑 같이
죽자!

으아아아!!!

서장님,
무슨 일입니까?

두둑

피고 박재혁은
대일본제국에 항거하여
하시모토 부산경찰서장을 죽이고
경찰 두 명에게 중상을 입힌 죄,
공공건물을 파괴한 죄로
사형을 언도한다!

박재혁은 사형을 당하기 전에
스스로 죽기로 작정하고 단식에 들어간 뒤
9일 만에 순국했다. 그의 나이 27세였다.

64

1920년 12월 27일 경남 밀양

이곳 밀양은 의열단 두목 김원봉의 고향이고 크지 않은 도시인데도 항일 분자들이 많은 곳이다.

불량 조선인들의 싹이 더 자라지 않게 철저히…

휙

독립혁명가 김원봉

헉!

꼬… 꼼짝 마라!
포… 폭탄 버려!

빨리!

이놈!

끄끄윽…!

피고 최수봉 사형!

마지막 할 말은?

나의 목적을 달성하고
자결하려 했는데
네놈들에게 잡혀 이 수모를 당하니
통분할 뿐이다!

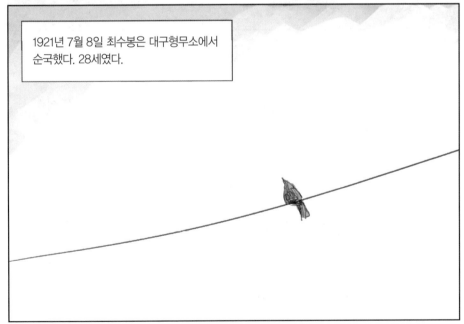

1921년 7월 8일 최수봉은 대구형무소에서
순국했다. 28세였다.

우리 정보기관이
알아낸 정보입니다.
김원봉은 보기에는
우유부단한 것 같으나
성질이 극히 사납고 치밀하여
어떤 상황에서도 꺾이지 않으며
꼬리를 잡히지 않는 신출귀몰의
존재입니다.

바가야로!

옛! 서장님!

김원봉을
잡아오라고 했지,
김원봉 자랑을
하라고 했나!

곳곳에서
폭탄이 터지고
총알이 날아다니는데
일본인들이
발 뻗고 지낼 수가
있겠냔 말이다!

빨리 걸어!

오이!
그놈은 뭐야?

나?
나는 말이다…

의열단 경성지구
단원이다!

으… 으… 의열단!

우당탕

우하하하하하,
겁쟁이들!

시장에서 고무신 훔치다 잡혀 온 놈이!

악!

잡범들까지 의열단이라고 말한다니까!

악! 악! 너 원봉 형한테 이를 거야!

서장님, 사모님이 찾아오셨습니다.

뭐… 뭐?

의열단에게 죽고 싶어서 외출했스무니까! 외출하지 말랬잖스므니까!

아이가 아파서 의사 선생님에게….

의… 의… 사….

의열단의 '의' 자도 꺼내지 말아욧!

1921년 9월 12일 경성

김익상

작두로 조선인 목을 자르고 있다. 일경은 극악무도한 짓을 많이 저질렀다.

어디가
총독실인가?

야! 너 왜
기웃거리고 다녀?

뭣 하는 놈이야?
이리 와봐!

나 북경에서 왔어.

북경?
왔어?

의열단이
조선총독부
폭파하러 왔지!

의… 의열단!

의열단이다아아아!!!

퍼펑

독립혁명가 김원봉

하나 더!

퍼펑

아앗!
2층이다!

우수수

콜록.

콜록.

의열단이 폭탄을 던지고
총독실로 들어갔다!

총독실로!

빨리!

콜록.

콜록.

독립혁명가 김원봉

세상에! 아직도 못 잡았어?
너희들 뭣 하는 놈들이냐!

총독부 폭파범이
의열단이란 것 말고는
아무것도 알지 못한다고?

경성을 빠져나갈 수
있는 곳을 다 막고
지켰는데도?

너희들이
과연 대일본제국의
경찰이더냐?

김익상 동지!

김익상 동지!
그렇게 큰일을 하고도
살아 돌아왔구려!

동지의 활약상은
4일 전에 신문의 기사로
알고 있었소!

어떻게 빠져나왔소?

청사가 소란한 틈에 빠져나와서
기차를 타고 신의주로 갔다가
일본인 행세를 하고 국경을 넘었지요.

내가 일본어를 일본 사람만큼
잘한다고 나를 놀렸잖습니까.
그 실력을 써먹었습니다.

하하하!

독립혁명가 김원봉

1922년 3월 상해

그놈이 죽으러 온답니다!

그놈이라니?

육군대장 다나카 기이치가 필리핀에 갔다가 싱가폴과 홍콩을 거쳐 상해로 온답니다.

상해에서 육로로 남경, 천진, 북경, 심양을 거쳐서 조선을 통과해 일본으로 돌아간답니다.

죽겠다고 오는 놈 그냥 보낼 수 없지요!

이곳 상해에서 숨통을 끊읍시다!

좋습니다!

우리 움직임이 노출되었나?

왜요?

다나카가 상해에서 육로로 움직이는 줄 알았더니 배를 타고 간답니다.

엥? 육군대장 정도면 일정이 한 번 잡히면 곳곳마다 만나야 할 사람과 행사가 줄줄이 있으니까 쉽게 바꾸지 못할 텐데.

독립혁명가 김원봉

처음 정보가
엉터리였나?

우리가
그쪽 정보를 아는 만큼
그쪽도 우리 정보를
빼 갈 수도 있습니다.

의열단의 움직임에
대장이라는
작자가 쫄은 거야.

어쨌든 상해를 온다니까
예정대로 칩시다!

누가 가겠소?

내가 갑니다!

척

어허, 김 동지 혼자서 다 독차지할 셈이오? 지난번 밀양경찰서 거사를 했으면 나한테 미루시오.

나 오성륜은 모기 눈알도 맞히는 명사수 아니오!

이번 같은 거사를 3년 기다린 나 이종암은 어쩔 셈이오?

의열단 공약 1조대로 '정의를 맹렬히 실행'하는 청년 동지들은 육상 대회에 나간 선수처럼 죽음이라는 결승선을 향해 서로 먼저 내달리려 했다.

세 사람 모두 보냅시다!

배에서 내릴 때 1차 저격을 하고, 실패하면 일본 영사관으로 갈 때 2차 저격, 그도 실패하면 3차 저격을 하는 겁니다.

그러면 되겠군요.

그러면 돼요?
순서를 정해야죠!

내가 명사수니까
1차 저격을 하겠어요!

명사수가 1번인 이유.
1차에 성공하면
순식간에 체포될 테니까
나 혼자
희생하면 됩니다.

2차에서 끝내면
두 명 희생.

3차에서 끝내면
우리는 모두 죽습니다.

나도 명사수요.
모기 눈알은 아니래도
파리 눈알은
쏠 수 있어요.

한 번 해본 놈이
잘하는 걸 알면서.

내가 적임자라니까!

86

단장인 내가
결정하겠소.

1차 오성륜 동지,
2차 김익상 동지,
3차 이종암 동지.

상해 황포탄부두는 국제 항구였다.
중국 사람, 조선 사람, 영국 사람, 일본
사람, 인도 사람, 보내는 사람, 떠나는
사람, 밀정, 경찰, 군인이 빼곡했다.

2화 본격적인 활동

독립혁명가 김원봉

여러분
죄송합니다!
실패하고
말았습니다! !

오성윤이
다나카에게 총을 쏜 순간
앞으로 끼어든
서양 여성이 맞았다.
곧이어 김익상이
두 발을 쏘았지만 빗나갔다.
도주하던 김익상은
총에 맞고 체포됐다.

어흐흑….

동지들, 이렇게 비탄에
빠져 있을 때가 아니오.

놈들에게 포위되기 전에
모두 이곳을 빠져나갑시다!

안녕히 가세요.

당신은 못 보던
사람인데?

종업원이
말도 없이
그만뒀다고
임시로
도와주러
왔지요.

다음엔
맛있는 다꾸앙
갖다놔요.

예 예.

그런데
경찰 나으리.

저기 밖에 긴장하고
서 있는 사람들… 뭐죠?

오늘 다나카 대장님 저격범을
조선으로 데려가려고
대기 중인 거지.

나온다!

타타타

일경이 조선인의 목을 칼로 치고 있다. 이것이 인간으로서 할 짓인가.

김익상 동지!

에잉, 귀찮은 놈!

저자는!
경성에서
이성우 동지에게
정보를 얻어
부산에서 열여섯 명을
잡았던 그놈!

'독립 만세'를 외치던
동래고보 학생들을
무자비하게 짓밟고,
갓 스무 살 된 김규직 등
젊은 독립운동가
세 명을 체포해
잔인한 고문 끝에
죽게 만든 바로 그놈!

노덕술!
일본 이름 마쓰우라 히로!
저런 놈을 죽여야 해!
저런 놈을!

부우아아
부아앙

일본 경찰은 조선총독부 폭탄 투척 사건의 범인이 누구인지 도통 모르고 있다가 이듬해 범인이 김익상이라는 것을 알게 됐다.

김익상이 다나카 기이치 암살에 실패해서 체포되고 난 후에야 알아차린 것이다.

김익상은 사형에서 무기형으로, 다시 20년형으로 감형되었고, 긴 옥고를 치르고 구마모토형무소에서 출옥했다.

출옥한 지 얼마 지나지 않아 형사가 물어볼 것이 있다면서 데리고 나갔다.

김익상은 그 후로 돌아오지 않았다.

20년이나 죗값을 치렀지만 일본인들은 그를 그대로 살려두지 않았다.

의열단의 활약이 계속되면서 국내외에서 관심이 집중됐다.
특히 일제 관헌은 김원봉 체포에 수단과 방법을 가리지 않았다.
그럴수록 김원봉과 의열단원의 행동은 더욱 신중하고 대담해졌다.

독립혁명가 김원봉

'오는 자를 막지 않고 가는 자를 쫓지
않는다'는 식의 태도를 가지고 있어서
단원의 한계가 분명치 않다.
보기에 따라서는 중국에 있는 한인
독립유공자들 거의 전부가 의열단원
같이 여겨지나 한편으로는 김원봉의
의열단이라고 말할 수 있다.
의열단이란 김원봉을 중심으로 모인
죽음을 두려워하지 않는
불평 집단으로서 중심의 인력에 의해
모였다 헤어졌다를 반복한다.
따라서 의열단의 실체를 아는 자는
김원봉 1인뿐이다.

— 일제 정보기관 기록 중에서

으하하하,
이럴 수가!

하하하하.

무슨 일로 단원들이
즐거워하는 거요?

일경이 단장의 현상금을
파격적으로 올렸답니다.

!!

자그마치
100만 원입니다.
(※현재 약 360억 원)

김구 선생의
현상금 60만 원에
비할 수 없이
비싼 몸이 되었습니다.

그놈들이
사람 제대로 보는
눈은 있어.

단장이 100만 원이면
우리들 몸값은
얼마일까?

10만 원?
1만 원?
5천 원?

동지. 우리 고향에
부모님 형편이 어려울 텐데
나를 팔아서
현상금을 보내주시오.

와하하하!

독립혁명가 김원봉

몸값 비싼 우리가 오늘 밤을 그냥 보낼 수 있소?

바에 가서 한잔합시다.

좋소!

김산 동지, 어디 계시오. 술값을 주시오.

김산 동지, 술값을 줘서 내보내시오.

지금 국내서 가져온 자금이 바닥입니다.

알고 있어요.

곧 소련 쪽에서 코민테른 자금이 도착할 겁니다.

궁색함을 단원들에게 보이지 말도록.

예, 단장.

의열단의 운영에는 적지 않은
자금이 필요했다.
국내 또는 중국과 소련에서
모금된 돈으로
의열 투쟁을 했을 테지만
점조직으로 운영되어서
구체적인 액수나 모금 루트는
기록이 없다.

1923년 4월 조선초독부 경무부장이 일본외무성 차관에게 보고한 내용이다.
"의열단이 소비에트 혁명정부로부터 자금을 공급받고 있다.
김원봉은 중국공산당과 광동 중국국민당과도 접촉해 의열단의 자금을 마련
했다. 임시정부 개혁 노선인 창조파 계열에서도 4만여 원을 도움받았다."

만 원짜리 동지,
한잔하시오.

천 원짜리랑
같이 술자리라니
맛이 안 나누만.

하하하.

독립혁명가 김원봉

어?

술 없다.
술 가져와!

저… 선생님,
벌써 세 병을 마셨는데요.

달라는 대로
드려.

아, 예.

뭣 하고 있나,
5번 테이블에 술 한 병 더!

당신들의 술값은
단장의 겨울 옷들이
전당포에 저당 잡혀서
나온 돈이라고… 쩝.

어제는 이상한 외국인이
이곳에 왔었습니다.

일본인?

아닙니다.
헝가리인입니다.

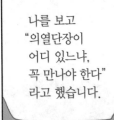

나를 보고
"의열단장이
어디 있느냐,
꼭 만나야 한다"
라고 했습니다.

!!

현상금이 높아지니까
양코쟁이들까지
단장에게 눈독을
들이는구나!

서양인이니까
쉽게 눈에
띌 겁니다.
찾아봅시다.

만 원짜리 동지,
한잔하시오.

104

학살당한 조선인의 사체가 산을 이루고 있다.

나를 찾는다는 자가
이 자요?

헝가리 사람
마자르입니다.

헝가리인!

당신은 이태준 동지와
같이 온다고
하지 않았소?

닥터 리는…
미안합니다.

같이 오지 못했습니다.

106

그 무렵 소비에트 혁명정부는
상해의 임시정부에 40만 루블을
지원하기로 했다.
그러나 돈을 상해로 가지고 갈
방법이 없었다.

그때 이태준이 나타났다.
세브란스 출신 의사였는데, 내몽골의 의료 활동으로
신보다 더 위대한 존재가 되어 있었다.

이태준은 신임받고 있던 몽골 왕의 도움을 받아
몽골을 거쳐 중국으로 지원금을 운반했다.

이태준은 의열단이 폭탄 전문가를 구한다는 소식을 듣고 마자르를 찾아냈다.

마자르는 헝가리군 폭탄 제조 전문가로 러시아 내전에 참가했다가 풀려났는데 여비가 없어서 고향으로 돌아가지 못하고 떠돌이 생활을 하고 있었다.

이태준과 마자르가 중국으로 오던 중 사막 한가운데에서 소련군에게 잡혔는데 러시아혁명에 반대하는 세미요노프 부대였다.

그 부대에는 요시다라는 일본인이 참모로 있었다.

이태준은 소비에트 혁명정부의 코민테른 자금을 운반한 것이 들통나서 요시다 손에 처형되어버렸다.

분하다!
하필 거기서 왜놈을 만나다니!!

나는 서양인이라고
간신히 풀려났고….

그런데 헝가리로
가지 않고 왜
북경으로 왔지요?

그것도 김원봉을
찾아서?

아까도 말했지만
나는 빈털터리
입니다.
헝가리에
갈 수 없어요.

사막 한가운데서
어디로 갈까 막막했지만
북경을 택한 이유는
내 폭탄 제조술을 당신들이
필요로 했기 때문입니다.

이름만 들어본
의열단장 김원봉.
어디 사는지
어떻게 생긴지도 모르고,

이태준이 없으니
나를 안 믿을 것이
뻔하지요.

그렇지만 내 조국 헝가리가 조선과
같은 입장이었다면 나도 여러분들과
똑같이 행동했을 것입니다.

여러분들에게
폭탄 만드는 기술을
보여드리겠습니다.

마자르, 고맙습니다!
환영합니다!
이태준 동지가 하늘에서 기뻐할 겁니다!

마자르는
얼마짜리?

10만 원은 될 거야.

일경의 체포 위험이 덜한 상해의 프랑스
조계지에 마자르를 데리고 가서
비밀 폭탄 제조소를 만들었는데
당시 의열단은 상해에
열두 군데의 폭탄 제조소를 갖고 있었다.

분산시켜
안전을
꾀한 것이다.

마자르의 폭탄 제조술은
의열단이 지금껏 쓰던 폭탄과는 질이 달랐다.
불발탄이 적고 위력이 강했다.

폭탄은 배를 이용하거나
안동(현재의 단동)을 거쳐 국내로 운반되었다.

3화 계속되는 투쟁

당시 의열 투쟁도 그렇지만 불편한 교통 상황을 감안하면 상해에서 폭탄을 만들어 국내로 들여온다는 것은 목숨을 내어놓지 않으면 할 수 없는 일이었다.

폭탄의 질이 좋아지면서 거사의 성공 확률도 높아졌다.

일경은 의열단과 의열단장 김원봉을 검거하려고 눈이 뒤집혀 있었다.

조직이 커지고 거사가 잦아지면서 의열단의 재정 문제는 압박을 당했다. 모금처는 주로 국내였는데 그것으로는 충분하지 못했다.

독립혁명가 김원봉

지난번 서울의 사업가에게 가서
군자금 협조를 말했더니
한 달 전에 왔다 가고선
또 왔느냐고 합디다.

의열단을 팔고
돈을 뜯는 놈들도
있다는 겁니다.

의열단의 활동 자금에 관한
일본 보고서다.

의열단이 소비에트 공산당으로부터 자금을 지원받고 있다.

김원봉은 고려공산당 계열과 중국공산당 계열과

광동의 중국국민당과도 접촉해서 자금을 마련한 것으로 보인다.

또 임시정부 개혁 노선인 창조파는 김원봉에게 4만여 원을 제공했다.

김원봉은
일본을 몰아내기 위해서는
이념과 노선을 따지지 않았다.

마지막은 심장!

후우~

칼이 없을 때를
노렸다!

억!

114

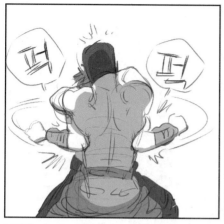

의열단원들은 10대 후반부터
20대 후반까지 매우 젊은 집단이었다.

의열단원이 되었다는 것은
조국 해방에 목숨을 걸었다는 의미였다.
이념과 노선을 따지지 않았다.

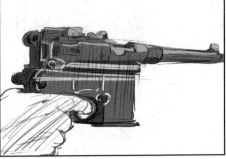

그들은 성실했고 당당했다.

종교 집단의 신도들처럼 생활했고, 운동을
통해서 항상 최상의 컨디션을 유지했다.

116

목숨을 걸고 임무를 수행할 수 있는
심리 상태를 유지하기 위해 노력했다.

언제 죽을지 모르는 인생을 사는
젊은이들이기에 생명이 지속되는 동안
즐기고 싶은 마음을 억누르지 않았다.

고급 양복을 입고
한껏 멋 부리고 살았다.

의열단원들은 적을 죽이거나
기관을 파괴하고 장렬하게 전사하는 것을
당연하게 여겼다.

천우신조로 살아 돌아올 수 있으면
다행이었다.

임무를 수행하기 위해 떠날 때는
동료들과 조상에게
다시는 만나지 못한다는 것을 고했다.

그래서 더욱 행동 하나하나가 무척 조심스러웠고, 청교도적인 순결함까지 보여주었다.

그들은 놀랄 정도로 멋쟁이들이었다.

의열단원들은 언제나 멋진 양복을 입었고 중절모자와 반짝이는 구두를 신었다.

머리 손질을 거르지 않았고, 항상 깨끗하게 차려입었다.

118

그들은 테러 활동에 열광했고
죽음을 두려워하지 않는 행동만이
일제의 식민 통치를 뒤엎을 것이라고
굳게 믿었다.

이렇게 단단한 동지들에게 둘러쌓여 있었으니
신변 보호는 완벽했는데도 김원봉은
거처를 하루에 한 번씩 옮겨 다녔다.

심지어는 김원봉을 대면해보지 못한
의열단원도 많았다.

단장과 단원들 사이 공백은 유자명과 김산이 메웠다.

김산(1905~1938)

김산은 임시정부 내무국장 안창호 선생의 소개로 김원봉을 만났다. 남개대학 장학생으로 공부하다가 한국 학생을 멸시하는 중국 학생과 싸우고 자퇴했다.

유자명(1894~1985)

충북 충주 태생. 3·1 만세 운동 때 학생 시위를 조직한 일이 발각되어서 상해로 망명했다. 신한청년단에서 활약했다.

일경은 조선인이라면 어른, 아이 가리지 않고 죽였다.

독립혁명가 김원봉

앗!

턱

아이~
이걸 어쩌냐.
다 젖었네.

복도 한가운데
물통을 놓으면 어떻게 하냐,
이놈아!

앗!

앗!

으~ 축축해.

으그~

형 봤지?
내가 뭘 잘못했지?

글쎄…
좀 억울하긴 하겠다.

무지하게 억울하지!

형들 의열단 맞지?

!

!

나 거기에 좀 넣어줘.
그래서 형들처럼 쫙 빼입고
술 마시면서 저 웨이터 새끼들
하인 부리듯 하고 싶어!

애가 누가
의열단이라는 거야?

큰일 날 놈이네.

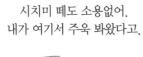

시치미 떼도 소용없어.
내가 여기서 주욱 봐왔다고.

저리 가, 인마!

정보 하나 줄까?

점점….

그저께 누가 와서
의열단으로 의심되는
조선 사람 보면
연락해달라더라.

그래서?

독립혁명가 김원봉

"여기는 그런 사람들 없다.
전부 중국 손님이다"

라고 말했어.

형! 나도 조선 사람이고
일본 새끼들 보기 싫어서
여기까지 왔는데 의열단원이
안 될 이유가 없잖아.

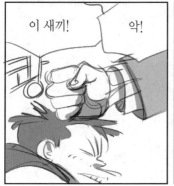

이 새끼!

악!

두 번 다시
그딴 소리 하지 마!

아우~ 아파.
분명히 망치로 때린 거지?

독립혁명가 김원봉

독립혁명가 김원봉

천에도 사람
죽여본 적 있나?

나 백정 아닙니다.
처음이에요.

제가 아니었으면
여기가 일경에게
들통났을 겁니다.

난 다른 것 바라지
않아요.

양복 쫙 빼입는
의열단원으로
받아주세요.

우리는 너같이
근본도 모르는 사람을
받아들일 수 없다.

싸움 잘하지, 깡다구 좋지,
조선 사람이면 충분한데
뭐가 더 필요합니까?

강원도가 고향이고
홀어머니에
동생이 넷이랍니다.

여기는 오갈 데 없는 사람
받아들이는 곳 아닙니다.
내보내시오.

그리고 우리는
6차 집무실로
옮깁시다.

따라와.

형, 단장 만나러
가는 거야?

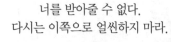

너를 받아줄 수 없다.
다시는 이쪽으로 얼씬하지 마라.

130

형, 저기로 옮기면 되지?

!!

여기 오면 안 된다고 했잖아!

독립운동 하는데 사람을 그렇게 가려 뽑아?

형들은 되고 나는 안 돼? 형들이 나보다 잘난 게 뭔데?

이리 와!

오라면 못 갈까.

上海商店 寒戰服務區

왜?
때릴려고?
때려봐라.

어… 진짜
때리네.

맞는 게 무서웠으면
강원도에서 중국 땅까지
어찌 왔을까?

또 때려봐라.
자! 자!

이… 이놈이.

독립혁명가 김원봉

그… 그 정도로 사람이 죽나~
더… 때려라.

왜놈한테 맞아 죽느니
조선 놈에게
맞아 죽는 게 낫지 암!
때려봐!

이번엔 아주!

김천우 동지!

그만하고
그놈을 받아줍시다.

만세!

처형 직전의 조선인. 일군은 작두로 이 조선인의 목을 쳐서 죽였다. 조선인 관중들이 빼곡히 서 있다.

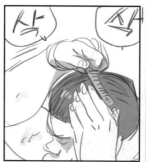

가르마를 싹!

에이,
잘난 얼굴
이게 뭐냐?

이 지경으로 만들어놓고
받아줘야 해?

형 어디 가?

야! 멋지다.

오늘 데이트
있나 보지?

나는 양복
언제 맞춰?

넌 정식 단원도 아닌데
양복은 왜 맞춰?

그러게 단장 만나게
해달랬잖아.
정식 단원이 될
자신이 있다고.

우리도 아주 가끔씩
만나는 분인데
네깐 놈이 어딜….

내 방이나
청소해놔!

에이 씨, 정식 단원 됐다 치고
미리 옷 한 벌 해주면 안 되나.

독립혁명가 김원봉

어서 옵쇼~

어?

너, 넌!

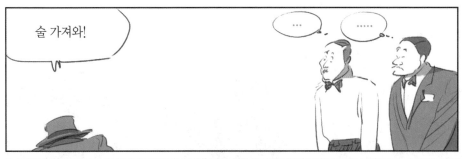

술 가져와!

···

·····

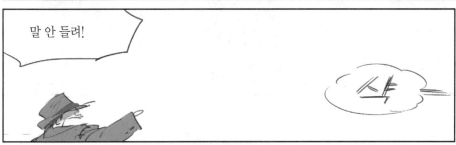

말 안 들려!

술값은 어떻게 하고?

혀··· 형들하고 장부에···
같이 달아놓으라고
그랬··· 지··· 꺼억~

콱 그냥!

2주 후에 북경에서 단장님과 중요한 선생님이 같이 상해로 오실 겁니다.

단장님께서!

그때까지 일경의 동태를 놓치지 말고 지켜봐주시오.

4개조는 맡은 구역을 이탈하지 말고 안전을 유지할 수 있도록 해주시오.

아~ 김원봉 단장님이 오신다!

만석아, 선생님이 부르셔.

140

선생님,
부르셨어요?

너 아직
양복이 없지?

그렇다니까요.
어딜 가도
쪽팔려서 원….

내가 입던 옷이다.
양복점에서
줄여 입어라.

모자는?

구두는?

와이셔츠는?

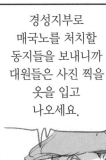

경성지부로
매국노를 처치할
동지들을 보내니까
대원들은 사진 찍을
옷을 입고
나오세요.

하나…

둘…

잠깐! 잠깐!

나를 빼놓고
찍으면 안 됩니다!

저..저..
내모자!

만석아,
너는 아직 단원이
아니지 않느냐?

예, 맞습니다.

그러나 임무를 띠고 나가면
거의 돌아올 수 없기 때문에
마지막으로 꼭 사진을
찍는다는 걸 알고 있습니다.

또 그 사진이
외부로 유출되면
일경의 추격 단서가
된다는 것도 알고
있습니다.

저 오만석은
아직 의열단원이
아닙니다만
임무가 주어진다면
언제라도 사지에 뛰어들
각오가 되어 있습니다.

독립혁명가 김원봉

같이 지내던
형님들을 다시 만나지
못한다는데
형님들과 내 모습이
들어간 사진 한 장
가지면
안 되겠습니까?

펑

나 이런!

꼬꼬댁.

꼬꼬댁.

양복이 아깝다.

양복 입고 닭 사 가는 걸
바 아가씨들이 보면
뭐라고 할까?

저놈 또 따라온다.
며칠째…

내가 쉬니깐
이젠 구두 닦는 척….

어험!

144

관동대지진 때 한국인을 죽이는 자경단원

독립혁명가 김원봉

의열단이 무섭긴 무섭구나. 구두 닦다가 도망치잖나.

당신은 무섭지 않나?

용건!

의열단이라는데 나를 체포하지 않나?

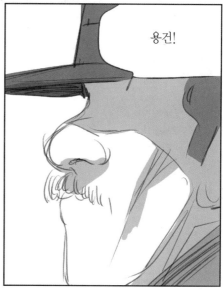

용건!

나를 믿지 못하는군.

며칠 전에
찍은 사진이다.

나는 의열단장
김원봉이 있는 곳을
알고 있다.

상해에
조선인 노덕술,
즉 마쓰우라 히로 주임이
와 있다는 것을
알고 있다.
내일 만나게 해달라.
의열단장에 대한
정보를 주겠다.

김원봉은
5일 후에
상해에 온다.

알겠다. 내일 밤에 만나자.

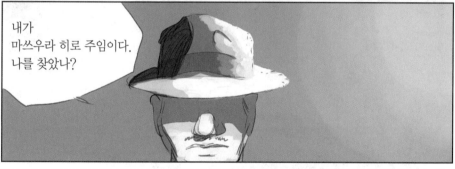

내가
마쓰우라 히로 주임이다.
나를 찾았나?

모자를 벗고 달빛 쪽으로
얼굴을 돌려보시오.

마쓰우라 상은 안경을 썼는데….

내게 정보를 얻고 싶으면 확실히 하시오!

!!

나를 건들면 재미없어! 나는 의열단이라니까!

의열단은
함부로 입을 열지 않는다!

형!

너는 의도적으로
우리에게 접근했어.

오해하지 마, 형!
난 절대 의열단에
해를 끼칠 사람이 아니야!

이래도?

네가 어제
내놓은 사진이다.

독립혁명가 김원봉

강 쪽으로
돌아 앉아라.

왜 조국을
배신했나?

조국이 뭐야?
있기라도 한 거야?

태어나서 나는 조선인이라고
생각해본 적이 없어.
온통 일본 놈들 세상이었으니까.

내게 조국은
의미가 없어.

너무 가난해서
신발도 못 신고…
학교가 뭐야.
똥지게 나르고
추위에 거적때기 하나
두르고 살았으니까
이런 생각밖에
안 들었지.

돈을 벌자.
엄마랑 가족을
먹여 살리자.

그래서 상해로 왔지.
의열단장 김원봉의
현상금이 어마어마
하다는 것도 알았어.

돈 벌려고
노력할 필요 없다.

김원봉만
잡으면 된다.

독립혁명가 김원봉

망할!
일이 거진 마무리 단계까지
왔었는데….

살려달라고 하지 않겠어.
그런다고 살려줄 의열단이 아니니까.

엄마,
만수야,
만웅아,
성자야….

타앙

유 선생, 우리는 지금까지
일본 경찰과 군인들에게
의열단의 존재감을
알리기에 충분한
활동을 해왔소.

그런데 암살과 파괴만이
능사가 아니란 말이오.

일반 민중은
의열단의 행동에 나타난
폭력만을 보고
그 속의 정신을 이해하지
못할 것이므로
선언문 같은 것이
필요합니다.
누구 없겠소?

동감입니다.
생각하고 있던 분이 계십니다.

단재 신채호 선생님!

단재 신채호는 임시정부가 생기기 전에
이미 북경에서 대한독립청년당을 만들고
임시정부 수립에 참여했으나,
이승만의 만행에 진저리를 치고 사퇴했다.
김원봉은 행동가이고
신채호는 사상가여서
그 성격은 달랐으나 조국 광복이라는
목표는 하나였다.

맞아요!
우리가 필요한 분은
바로
단재 선생님이오!

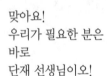

김원봉은
북경으로 가서
신채호 선생을
상해로 모시기로
했다.

이번 북경 길에서
가장 큰 기쁨은
선생님을
만난 것입니다.

일본군 제19사단이 시베리아에서 철수하면서 조선인을 학살하고 농가를 파괴했다.

상해로 가서서 우리의 실상을 보시고
우리에게 필요한 의열단 선언문을
써주시기를 부탁드리겠습니다.

의열단이 만들어지고
4년 동안 투쟁을 계속해왔으나
의열단 본체의 혁명적 목표와
정치적 주장을 발표한 적이
없어서 의열단의 이름이
무색했습니다.

조선혁명선언

1 일제는 한민족 생존의 적(敵)이다

우리는 일본의 강도 정치가 조선 민족 생존의 적임을 선언하는 동시에 혁명 수단으로 강도 일본을 죽여 없애는 것이 곧 우리의 정당한 수단임을 선언하노라.

2 강도 정치에 타협하고 기생하는 자 역시 우리의 적이다

3·1 운동 이후에 강도 일본이 또 우리의 독립운동을 완화시키려고 광론을 외침이니, 이에 부화뇌동하는 자가 맹인이 아니면 어찌 간사한 무리가 아니냐? 일본 강도 정치 하에서 문화 운동을 부르는 자가 누구이냐? 우리는 우리의 생존의 적인 강도 일본과 타협하려는 자나 강도 정치 하에서 기생하려는 주의를 가진 자나 다 우리의 적임을 선언하노라.

3 '외교' '준비' 등의 미몽을 버리고 민중 직접 혁명을 선언한다

강도 일본의 구축(驅逐)을 주장하는 가운데 또 다음과 같은 논자들이 있으니, 제1은 외교론이니, 일본이 강도적 침략주의를 관철하려 하는데 우리 조선의 "조국을 사랑한다. 민족을 건지려 한다"는 이들은 어리석고 탐욕스러운 관리나 국적에게 던지지 못하고, 탄원서나 열국공관(列國公館)에 던지며, 청원서나 일본정부에 보내어 국가 존망·민족사활의 대문제를 외국인 심지어 적국인의 처분으로 결정하기만 기다리었도다.

제2는 준비론이니, 강도 일본이 정치·경제 양 방면으로 구박을 주어 경제가 날로 곤란하고 생산기관이 전부 박탈되어 입고 먹을 방책도 단절되는 때에, 무엇으로 어떻게 실업을 발전하며, 교육을 확장하며, 더구나 어디서 얼마나 군인을 양성하며, 양성한들 일본 전투력의 백분의 일의 비교라도 되게 할 수 있느냐?

이상의 이유에 의하여 우리는 '외교' '준비' 등의 미몽을 버리고 민중 직접 혁명의 수단을 취함을 선언하노라.

4 양병 10만이 폭탄 하나 던지느니만 못하다

우리의 민중을 깨우쳐 강도의 통치를 타도하고 우리 민족의 신생명을 개척하자면 양병 10만이 폭탄을 한번 던진 것만 못하며 억천 장 신문 잡지가 일회 폭동만 못할지니라. 각 지방의 신사나 부호가 비록 현저히 혁명운동을 방해한 죄가 없을지라도 만일 언어 혹 행동으로 우리의 운동을 지연시키고 중상하는 자는 우리의 폭력으로써 마주할지니라. 일본인 이주민은 일본 강도 정치의 기계가 되어 조선 민족의 생존을 위협하는 선봉이 되어 있은즉 또한 우리의 폭력으로 쫓아낼지니라.

5 다른 민족 통치를 파괴하고 신조선을 건설한다

민중은 우리 혁명의 대본영(大本營)이다. 폭력은 우리 혁명의 유일 무기이다. 우리는 민중 속에 가서 민중과 손을 잡고 끊임없는 폭력—암살·파괴·폭동으로써 강도 일본의 통치를 타도하고, 우리 생활에 불합리한 일체 제도를 개조하여, 인류로서 인류를 압박하지 못하며, 사회로써 사회를 수탈하지 못하는 이상적 조선을 건설할지니라.

상해로 온 신채호는
폭탄 제조 시설을
확인하고
1개월 동안 여관에 박혀
한국 독립운동사의
불후의 명작을
만들었다.

김원봉은 크게 만족했다.

후~

수고하셨습니다.

선생님
고맙습니다!
이제야
의열단의
형체가
드러난 듯
합니다.

약산, 내 글이
의열단의
존재 부각에
도움이 되었으면
좋겠소.

유자명 동지,
의열단 선언문을
인쇄하고
단원들이
꼭 읽도록
합시다.

그리하여
의열단의
정신과 행동이
일치하게
만듭시다.

독립혁명가 김원봉

단재 신채호 선생의 조선혁명선언은 항일 운동기의 모든 독립 운동가들과 전 민족 구성원들에게 독립에 대한 확신과 목표를 분석하고 제시해주었소.

이것은 민족 해방 전선의 선전포고문이라 할 수 있겠소!

조선혁명선언은 의열단에 새로운 활력과 투지를 심어주었다. 지금까지의 활동이 다소 즉흥적, 비체계적인 투쟁이었다면 조선혁명선언의 완성으로 의열단은 항일 투쟁 노선을 한층 정당화하고 이념적 지표를 갖게 되었다.

구체화된 민중혁명론은 의열단원 자신이 민중 직접 혁명의 선도적 역할을 담당해야 한다는 필연성을 제시했다.

의열단 투쟁 시에는
반드시 이 조선혁명선언을
뿌리도록 했다.

동시에
〈조선총독부 소속
각 관공리에게〉라는
문서를 인쇄해서
국내로 밀송 후
부역꾼들에게
전달했다.

〈조선총독부 소속 각 관공리에게〉

조선총독부 소속 관리 제군,
강도 일본의 총독부 정치하에 기생하는 관공리 제군,
제군은 제군의 선조로부터 자손에 이르기까지
움직일 수 없는 한국 민족의 일분자가 아닌가.
만약 한국 민족의 일분자라고 하면 가족을 위해
강도 일본에 노예적 관공리 생애를 한다고 할지라도
강도 일본의 총독 정치가 우리 민족에게 얼마나
아픔을 주는지 알고 있을 것이다.
우리들의 혁명운동이 곧 강도 일본의 총독 정치를 파괴하고
한국 민족을 구하려는 운동임을 안다면
우리의 혁명운동을 방해하지 않을 것으로 믿는다.
그런데도 만일 방해하는 자가 있다면 우리는 이런 앞잡이의
생명을 그냥 두지 않겠노라.

1923년 1월 의열단

독립혁명가 김원봉

조선혁명선언이
알려지면서
일제의 탄압에
의기소침해 있던
민중들은
든든한 버팀목을
얻은 듯했다.

일경과 헌병은
선언문과 관공리에게
보낸 편지를 수거해서
더 번지지 않게
수습하려 했으나
뜻대로 되지 않았다.

1923년 1월 12일

단장!

소식이
왔어요?

김상옥 동지가 종로경찰서에
폭탄을 던져서 경찰을 여럿 죽였고
난리가 났다고 합니다.

김 동지가
해냈구나!

김상옥 동지는?

잡혔다는 얘기는
없습니다.

독립혁명가 김원봉

알아보시오. 순국했는지 잡혔는지 도망쳤는지….

여러 번 알아보았으나 알 길이 없나 봅니다.

거사 10일이 지났는데도 김 동지 소식을 듣지 못했다.

불길하다.

도망쳤다면 진즉 상해에 도착하고도 남을 시간인데 아직 오지 않았다는 것은….

으음.

단장!

방금 김상옥 동지의
소식이 들어왔습니다.

거사 후
도망 다니다가
22일에
5백 명의 경찰에
포위됐답니다.

그래서
살았소?
죽었소?

독립혁명가 김원봉

일경 수십 명의
사상자를 내고….

내고?

스스로 목숨을 끊었답니다.

아아
김 동지!!

거사 성공 소식에
기뻐하는 것은 잠시였고
김원봉은 사라져가는
동지들에 대한
그리움으로
가슴이 찢어지는 듯했다.

긴급회의를 위해
동지들을 불렀소.

마자르가 폭탄 제조를
계속한 덕분에
우리가 거사에 사용할
충분한 양이 확보되었소.

문제는
이 폭탄을 조선으로
들여 가는 일인데
일본 놈들의
눈을 피하는 것이
쉽지 않소.

이런 때에
어려운
선택을
해야 할 일이
생겼소.

이 사람에게
폭탄 운반을
시키면
성공 확률이
아주 높을 것이오.

그런 사람이
있었나요?

누굽니까?

일본 경찰
황옥 경부!

!!

!!

그놈은
우리 단원을 체포하고
임시정부 정보를 팔아서
일본 경찰에
몸을 담은 놈 아닙니까?

그런 놈을
잡아 죽여야지
폭탄 운반을
시킨다고요?

그래서 같이 고민하자고
이 자리를 만들었소.

172

그놈이 먼저 연락해 왔나요?

그렇소.

의열단을 한꺼번에 그물에 싸듯이 잡아 갈 속셈이오! 함정입니다!

이 기회에 그놈을 불러들여서 처단합시다!

우리랑 다리를 놓은 자가 누굽니까?

그놈도 밀정이오!

내가 밀정이란 말입니까?

김시현 (1883∼1966)

메이지대학 법학부 졸업. 1919년 3·1 운동 참여 이후
만주 길림으로 망명하여 의열단에 입단하였다.
1922년 모스크바 극동혁명단체대표대회에 참석하였다.
1923년 거사를 계획하다 체포되어 징역 10년을
언도받았다. 1929년 길림으로 망명했다. 1931년 이육사,
윤세주가 입교한 북경 조선혁명군사정치간부학교를
담당하다 나가사키로 압송되어 5년간 복역하였다.
출옥 후 북경에서 독립운동을 계속하던 중 1942년 북경의
일본총영사관 경찰에 잡혀 투옥되었고 1945년에는 일본헌병대에
잡혀 수감되었다가 광복으로 석방되었다. 민주국민당 고문으로
있다가 1950년 제2대 국회의원에 당선되었다.
1952년 이승만을 암살하려다 미수에 그쳐 사형선고를
받았으나 무기형으로 감형되었다.
1960년 4·19 혁명으로 석방되었고,
같은 해 민의원의원에 당선되었
다가 5·16 군사 정변으로 국회가
해산되어 정계에서 은퇴하였다.
1966년 가난에 시달리다
서거하였다.
미서훈 독립 유공자다.

황옥 경부는
일본 경찰에 몸담으면서
내가 길림성으로 망명할 때
결정적 도움을 주었소.

일본 경찰이라
당연히 의심스럽소.
하지만 일본 경찰이기
때문에 가능한 일이오.

독립혁명가 김원봉

난 반대요.

이것은 의열단의
존폐가 걸려 있습니다.

우리 모두 반대입니다.

그러면 각자 무기를
국내로 들여갈 방법을
얘기해보시오.

끄응~

승부수를
띄웁시다!

황옥 경부를
만납시다!

밀양 사람 김원봉이오.
잘 오셨소.

반갑습니다.
뵙고 싶었습니다.

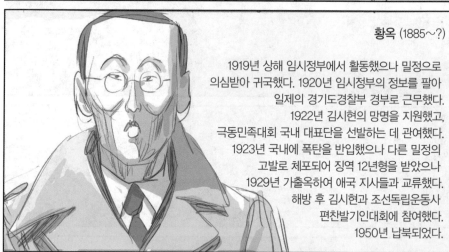

황옥 (1885~?)

1919년 상해 임시정부에서 활동했으나 밀정으로 의심받아 귀국했다. 1920년 임시정부의 정보를 팔아 일제의 경기도경찰부 경부로 근무했다. 1922년 김시현의 망명을 지원했고, 극동민족대회 국내 대표단을 선발하는 데 관여했다. 1923년 국내에 폭탄을 반입했으나 다른 밀정의 고발로 체포되어 징역 12년형을 받았으나 1929년 가출옥하여 애국 지사들과 교류했다. 해방 후 김시현과 조선독립운동사 편찬발기인대회에 참여했다. 1950년 납북되었다.

3·1 만세 운동 이후 일본은 문화 통치를 내세우며 사회단체를 자유로이 만들 수 있게 했으나 만세 운동을 이끈 개신교와 천도교 산하에는 제대로 된 조직이 남아 있지 않았다.

일본은 더욱 악랄하게
감시하고 탄압했다.
출판물은 검열을
통과하기 어려웠고
일제에 협조하는 단체가 아니면
해체당하기 일쑤였다.

해체당한 조직에서 활동하던
사람들은 중국이나
만주로 망명했다.
독립군이 되거나
임시정부에서 활동했고,
의열단에도 많이 가입했다.

다행히 국내의 조선공산당
지부는 남아 있었다.

조선공산당 강령은 조선혁명선언과 일맥상통했고
거사를 위한 새 조직을 만드는 시간을 줄이기 위해
조선공산당과 의열단은 손을 잡았다.

이번 거사는 국내의
일본 통치기관을 부순 다음
민중이 한꺼번에 일어나서
일본을 몰아내는 것이다.

종로나 명동에 나가보면
일본에 빌붙어 출세해보려는
조선 청년이 한둘이 아닙니다.

그들은 조선 독립은
오지 않을 것이라면서 콧방귀를 뀝니다.

그들에게 우리 국민의 가슴에
조국 광복의 불씨가 살아 있다는 것을
보여주고 싶습니다.

황옥 동지를 믿겠소.
동지는 이 일을 맡아줄 최적의 인물이오.

마자르가 부자 외국인으로
위장해서 상해에서 단동까지
의열단 폭탄을 운반했다.

독립혁명가 김원봉

마자르는 고국인
헝가리로 떠났고
단둥의 폭탄을
신의주와 평양을 거쳐
서울로 옮기는 일은
황옥 경부가
맡게 되었다.

암살용 폭탄 12발
파괴용 폭탄 13발
방화용 폭탄 11발
〈조선혁명선언〉 500부

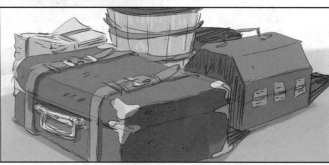

4화 조선혁명선언

황옥 경부를
믿어야 합니다.

나는 저 사람의
사람 됨됨이를
진즉
알아챘답니다.

믿은 마음이 커서
이 일을 시작했으나
만약 황옥 경부가
의열단을 뿌리 뽑기 위해
위장했다면
이 일은 너무 큰 모험이다.

예정대로
폭탄이 전달되어서
거사들이 성공하기를
빌 뿐….

독립혁명가 김원봉

만보산 사건 때 중국인 탈영병이 학살했다고 거짓 보도한 한국인 시체.
일제는 중국인의 반일 감정을 한국인 탓으로 돌리는 간계를 썼다.

단둥에서
황옥이 폭탄을 받아 갔다는
연락이 왔다.

얼마 후
압록강을 건너서
신의주까지 무사히
전달되었다는
연락이 왔다.

신의주에서는 검문이 워낙 심해서 들킬 뻔했으나
황옥 덕분에 무사히 통과했다는 연락이 왔다.

폭탄은 예정대로 신의주에서 평양으로,
평양에서 서울로 옮겨졌다고 한다.

그 뒤 소식은,

황옥 이하 28명 모두 체포되었다고 한다.

현지에서 연락이 왔다.
고발자가 있긴 했지만,
조선공산당이
신생 단체였던 데다가
의욕만 넘쳐 일 처리가
너무 허술했다는 것이다.

황옥의 행동은 어디까지가
진실이었을까?

김원봉은 황옥과 악수하는 순간
손에 전해 온 느낌이 틀리지 않았기를 바랐다.

1923년 9월
일본 관동 지방에
큰 지진이 일어났다.

집이 부서지고 곳곳에 큰 화재도 일어났다.

조선인이 불을 지르고 우물에 독을 넣는다는 소문이 돌면서 계엄령이 떨어졌고
민간 자경단이 앞장서서 조선 사람 6천 명을 학살했다.

당시 일본에서는
지진이 일어나기
며칠 전
일본 수상이 암살당했고,
내각이 총사퇴하여
이대로 갔다가는
3·1 운동을 모방한
폭동이 일어날
우려가 있었다.

184

불황으로 높아진 실업률은 값싼 조선 노동자가 일자리를 빼앗아 갔기 때문이라면서 일본인을 분노하게 만들었다.

사회적 불안 시기에 일어난 대지진과 국민들의 조선인에 대한 분노는 일본 사람들에게 죽창, 쇠꼬챙이를 들고 나와 조선 사람을 죽이도록 유도했다.

그래서!

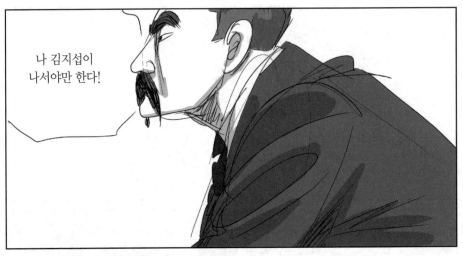

나 김지섭이
나서야만 한다!

김지섭 (1884~1928)

21세에 금산 지방법원 서기로 근무했다.
앞서 나가는 일본을 배워야 한다면서
독학으로 일어를 깨우쳤다.
일제의 녹을 먹고살았다는 것을
후회하고 사표를 낸 뒤 독립운동에 나섰다.
중국과 만주와 소련을 오가며
활동하다가 의열단에 가입했다.
황옥과의 거사 때 만주에 있다가
힘을 보태기 위해 국내로 들어왔으나
동지들의 검거 소식을 듣고
연해주로 피했다가 북경으로 복귀했다.

39살의 나이에
내 나이 절반밖에 안 되는
동지들 사이에서 밥이나
축내고 있으면 되겠소?

독립혁명가 김원봉

다음 거사는
나한테 맡겨주시오!

지섭 형님,
우리도 밥 축내는 건
마찬가지입니다.

우리한테
양보하세요.

찬물도
위아래가 있고,
똥물도 파도가
있다더라.

그대들은 젊다.
앞으로 기회는
얼마든지
있을 것이다만
나는 그렇지 않다.
맞나! 틀리나!

관동대지진 때 조선 민족이 당한
복수를 기필코 해야 하니
그 방법과 함께 국내 목표를
찾고 있었소.

황옥 사건 때문에 기찻길, 뱃길 등 검문이 말랑말랑한 곳이 없어서 폭탄을 가져가는 것이 제일 큰 문제입니다.

꼭 조선 땅으로 가야 할 것은 아니지요.

일본 본토로 바로 쳐들어가겠소!

두꺼운 갑옷을 입은 사람은 속옷이 느슨하기 마련이죠.

곧 동경에서 제국회의가 열리는데 조선 총독과 고관 대작 대부분이 회의에 참석한답니다.

방청객으로 위장해서 회의장에 들어가 폭탄을 던지겠소!

188

그렇게 큰일은
혼자서는 무리입니다.
우리가 따라가겠습니다.

이래서 이 청년 동지들이
어리다니까.

뭐라고요?

황옥 경부 폭탄 운반 거사 때
거금이 들어가버려서
지금 의열단은 형편이 안 좋다는 걸
생각 안 하니까 어리다는 거지.

일본어도 모르는 사람들이 떼지어 다니면
모조리 잡혀서 굴비 꾸러미처럼 엮이게 될 걸.

정기 여객선을 탈 수 없으니
밀항해야 하는데
이건 돈이 더 들어가야
가능합니다.

지금 한 사람 경비도
내주기 어려운데
같이 간다고 고집하겠소?

끄응~

나 혼자 갑니다!

단장은 밀항선 연결만
해주시오!

여비를 넉넉히 못 드려
죄송하오.

난 왕복 요금 필요 없습니다.
편도 요금이면 됩니다.

독립혁명가 김원봉

혹, 단장의 시계를
줄 수 있소?

내 시계를?

비상금 대신
필요할 것 같습니다.

나쁜 소식이 들리거든
술 한잔 부어주시오.

밀항 도우미는 일본 나가사키 출신 사회주의자
고바야시의 형 고바야시 간이치였다.
김지섭은 아편 밀수꾼으로 위장했고
석탄 운반선 화물칸에 몸을 숨겼다.

상해에서 출발한 화물선은 큰 저항 없이 후쿠오카로 들어갔다.

김지섭 동지 소식 없습니까?

아직입니다.

기다리는 사람들을 위해서 편지 한 장이라도 하시지… 쩝.

단장, 이제 겨우 5일이 지났습니다.

5일이 50일처럼 느껴지네요.

후우~

192

소식은?

조급증은
단장답지 않습니다.

단장,
김동지 편지입니다.

아!

잘되고 있구나.
김 동지,
꼭 성공해주시오.

단장님 이하 모두 강건하신지요.
김지섭은 1923년 12월 20일
상해에서 출발하여 한줄기 빛도 없는
석탄 창고에 갇혀 있다가 12월 31일에
후쿠오카에 도착하였습니다.
원수의 나라에 발을 내딛는 순간
진저리가 쳐졌습니다.
왜 오줌통에 소변이 꽉 차 있을 때 느끼는
그런 거 있지 않습니까.
원수 놈들이 우리한테 고통을 준 것보다
천 배 만 배의 고통을 주겠다고
다시 한 번 맹세했습니다.
꼭 해내겠습니다.

며칠 뒤 두 번째 편지는
답답함이 꽉 찬 내용이었다.

하루 만에 집에 다녀온다던 고바야시는 이틀이 되어도 오지 않는군요.
상해에서 출발할 때 가져온 일본 돈 40엔을 고바야시가
3엔을 빌려달라고 해서 거절할 수 없는 처지라 주었고,
배 안에서 필요한 소소한 생필품 구입에 12일 동안 5엔을 썼습니다.
상륙 후 여관에 들자 고바야시가 다른 선원의 입막음을 해야 하니
7엔을 달라고 했고 자기가 동경까지 길 안내를 해야 하는데
여비가 부족하니 집에 한번 더 가야겠다고
여비로 5엔을 달라고 했습니다. 또 줬죠.
수중에 남은 돈은 20엔, 여관비가 3박에 12엔이 들었고,
3엔은 잡비로 쓰고 5엔밖에 남지 않았습니다.
도쿄까지 삼등실을 타도 15엔이 들고 거사를 치를 때까지
최소한의 식비로도 5엔은 들 렌데 수중에 남은 돈은 5엔뿐이군요.
결국 모포와 외투와 단장의 시계를 저당잡혀 마련한 15엔을 여비 삼아
1월 3일 도쿄로 떠납니다.

거사 성공을 빌어주십시오.

독립혁명가 김원봉

1월 5일

오늘은 거사 날입니다.
좋은 소식을 기대합시다.

뉴스를
말씀드리겠습니다.

지직

지직

조선인 일 인이 일본 도쿄 황궁에
폭탄을 투척하는 사건이 있었다고
일본 라디오가 발표했습니다.

황궁에?
김 동지는
제국 의회를
폭파한다고
갔는데….

다른 조선인이
있었나?

4화 조선혁명선언

다행히 폭탄 세 발은 불발이었고,
범인은 현장에서 붙잡혀
조사를 받고 있다고 합니다.
이상 상해뉴스였습니다.

다행이라고? 무슨 개소리야!
와르르 무너졌어야지!

김지섭 동지는
어떻게 된 것일까?

이런 소식을 기다리는 것은
도대체 익숙해지지질 않아!

3·1 운동 참가자가 고문을 받고 죽은 모습.
얼굴 옆이 벌어져 있다.

독립혁명가 김원봉

사업가 같은데….

부동산 사업을
합니다만
이번은 일 때문에
가는 것이 아닙니다.

여동생의 약혼자가
다른 여자랑 지낸다고
연락이 와서 반쯤
죽여버리려고 가고
있습니다.

저런!

와세다 대학을 다니는
조선인인데 착한 줄 알았더니… 망할!

조선 야만인들
좋은 놈 없스므니다.

요깡*이나
앙꼬모찌**
있스므니다~

요깡 두 개
주시오.

자, 이걸 하나
드셔.

*요깡: 양갱   **앙꼬모찌: 찹쌀떡

독립혁명가 김원봉

고맙습니다만
아침에 뭘 잘못 먹었는지
배가 부글거려서
사양하겠습니다.

아마 김치 때문인 듯
합니다.

그렇스므니다!

조선은
쓸 만한 것이
하나도
없스므니다.

냠냠.

선생님
신문 좀
볼 수 있습니까?

아, 그래요.

!!

제국회의가
무기한 연기되었다!

이렇게 난감할 데가 있나….

선생님 표정이
안 좋스므니다.
화장실 빨리 가세요.

잠깐 나가겠습니다.

할 일도 못하고 상해로 돌아가야 하나?

덜컹

덜컹

큰소리 빵빵 치고 떠났는데
동지들한테 무슨 낯을 들고 가?

덜컹

덜컹

게다가 하루 더 머물 돈도 없다.

덜컹

덜컹

어차피 돌아갈 수 없는 길이었는데 뭘….

덜컹

덜컹

독립혁명가 김원봉

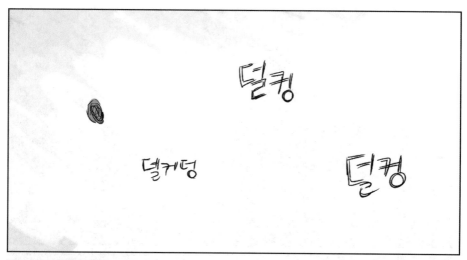

여기는
일본 왕의 거처 황궁.
일본인들의 성역이자
심장이다.

조금 더 해가 기울면
폭탄의 불빛이
더욱 아름답겠지.

이봐! 아까부터 거기서
뭐하는 거므니까!

아름다운 황궁을
감상하고 있었다.
인마.

인마?

이 황궁이 부서지는 모습은
더욱더 아름다울 것이다, 자!

대한 독립 만세~!!

저… 저
미친놈!

폭탄이다!

저놈을 잡아라!

그래 와라!

같이 죽자!

대한 독립 만세에!!

이크!

204

이… 이런!
또 불발탄!

꼼짝 마랏!

억!

마지막 하나 더
남았다!

같이 죽자,
이 쪽바리
왜놈들아!

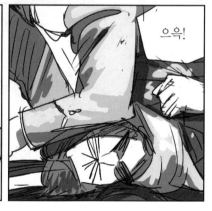

으윽!

부… 분하다!

황궁 폭파는 실패로 끝났지만 일본을 충격에 몰아넣었다.

세상에!
그 폭탄이 황궁에서
터졌다면 어쩔 뻔
했으므니까!
생각만 해도
오싹이므니다.

오래전부터 우려했던 사건이
드디어 터지고 말았스므니다!

긴급 각의를 열어
보도 금지령을
내려버렸다는구만.

경시총감, 경무부장,
궁성 경찰서장을
전원 면직시켰다고
하므니다.

독립혁명가 김원봉

나는 조선인 의열단이다!
조선인은 조선의 독립을
요구한다!
우리는 최후의 1인까지
목적 달성을 위해
너희들과 싸우겠다!

법률의 정신은
인민의 생명과 재산을
보호함에 목적이 있다.
따라서 나는 조선 민중의
생명과 재산을 지키기 위해
그 같은 행동을 한 것이다!

김지섭에게 일제 검찰은
사형을 구형했다.

재판부는
무기징역을 선고했다.

그러나 김지섭은 수감 중
1928년 2월 옥중에서 의문사했다.

일본군이 조선인 처형장을 지켜보고 있다.

부산까지만 왔으면
어떻게든 돌아올 수
있었을 텐데….

맞습니다.
황옥과의 거사 때도
감시망을 피해
무사히 복귀
했잖습니까.

일본 관동대지진 때
희생당한 동포를 위해
꼭 복수하겠다는 마음이
컸을 겁니다.

황옥과 함께한
거사를 실패했다는
자책이 누구보다 컸던
김지섭은 그렇게
우리 곁을 떠났다.

김지섭의 거사가 있기 전인
1923년 9월에는
박열(1902~1974)이
일본인 부인
가네코 후미코와
일본 황태자를 암살하려다
대역 사건으로
구속되었다.

박열은 의열단은 아니었으나
제휴하면서
일본에서 흑도회를 조직하고
기관지를 발행했다.
이념적으로 의열단과
유사한 활동을 하고 있었다.

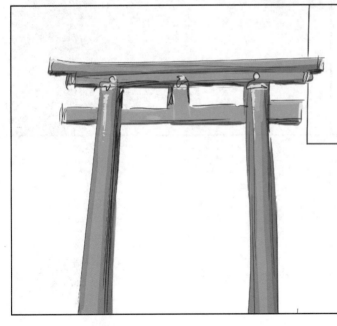

황태자 암살 계획은
사전에 발각되어서
뜻을 이루지 못했다.
그러나 일본 사회에
커다란 충격을 주었다.

독립혁명가 김원봉

박열은 사형선고를
받았으나
무기징역으로
감형되어서
20년간 옥고를 치렀고,
부인 가네코 후미코는
감옥에서 의문사했다.

1926년

밀양 사람
김원봉이요.

재령 사람
나석주올시다.

의열단에 들어온 걸 환영합니다.

나는 일본에 나라를 빼앗긴 3년 뒤에 북간도로 망명해 신흥무관학교에서 군사교육을 받았습니다. 그러니까 군인이죠.

고향으로 돌아가 3·1운동을 이끌다 옥살이를 했고

황해도 사리원으로 가서 군자금을 모아 임시정부로 보냈습니다.

나 동지 소문은 이미 들어서 알고 있습니다.

기다렸습니다.

나 동지 같은 분이 의열단에 들어와주면 얼마나 좋을까 하고요.

큰 보탬이야 되겠습니까만 조선인의 목숨 값은 하고 싶습니다.

독립혁명가 김원봉

친일파 처단 활동도
활발히 하셨죠.

특히 은율 군수 놈
처단한 일을 전해 듣고
어찌나 속이 후련하던지요.

피가 끓는 조선 청년이라면
누구나 할 일을 한 것입니다.

돈 많은
조선인 셋을
없애버린 것도
마찬가지입니다.

부잣집에 방문해서 주인을 찾으면
만나주질 않습니다.

문을 박차고 들어가지요.

얼굴을 들이밀고 상해 임시정부의 활동 자금을 도움받으러 왔다고 말하면
지난번에도 그렇게 말하고 뜯어 간 놈이 있었다면서 사람을 무시합니다.

그때 총을 턱 내놓고
담판을 합니다.

"우리들은 목숨을 걸고 일본과 싸우고 있다.
당신네 부자들은 일본과 직접 싸우지 못하더라도
우리가 제대로 활동할 수 있는 자금은
협조해야 할 것 아니냐."

독립혁명가 김원봉

정신이 제대로 된 부자들은
있는 한껏 내놓습니다만
그렇지 않은 부자들은
독립단원들을 거지 취급하는
자들까지 있습니다.

내놓지 않아서
부자가 되었으니
더더욱 내놓을 줄
모릅니다.

그러면 응징할 수밖에요.

나는 목표를
정했습니다!

조선식산은행과
동양척식주식회사에
폭탄을 던지겠어요!

조선식산은행과
동양척식주식회사는
경제 수탈로
조선 민중을 더욱 궁핍하게
만드는 곳이었다.

216

쌀값을 낮게 책정해서
조선에서 생산된 쌀은
헐값에
일본으로 보내졌다.
또한 조선인들끼리는
쌀을 사고팔지
못하게 했다.

쌀값이 떨어지자
지주는 소작료를 올려서
손해를 만회했다.
수확량의 4할이었던
소작료가 8할까지 치솟았다.
쌀 열 가마를 수확하면
여덟 가마를 지주에게
바쳤다.

이런 일이 계속되자
농민들은 배를 곯았고
빚을 지고 농토마저 뺏겼다.

이런 현상을 일본은 농부의 게으름과
흉년 때문이라고 거짓 선전합니다.

조선 민중이
속지 않게
해야 합니다.

나를 조선으로 보내주시오!
민중을 깨닫게 하겠습니다!

나 동지!
꼭 그렇게 해주시오!

놈들의 가슴을
철렁 내려앉게 해주시오!

독립혁명가 김원봉

1926년 12월
중국어 실력이 좋은 나석주는
중국 노동자로 변장해서
인천행 배를 탔다.

얼마 안 있어서
동양척식주식회사와
조선식산은행에
조선인이 던진 폭탄이
터졌다는
신문 기사가 났고
자세한 내용은
보도되지 않았다.

거사를 단행한 것이 나석주 동지인지
아닌지도 알지 못한 채 시간이 지났다.

1904년 9월 용산 부근의
철도 부설 방해죄로 처형된 조선인

독립혁명가 김원봉

누구요?

문 좀 열어 보세요. 할 얘기가 있어요.

탁

조그만 놈이 무슨 볼일이냐? 집에 가라.

나는 이 집을 찾아오려고 조선에서 고생고생해서 온 사람입니다.

!

여기는 애들 노는 데가 아니다. 안 가면 때려줄 테다.

의열단에 가입하고 싶다고?

그래요.

몇 살이냐?

열셋입니다.

너무 어리다.
집으로 가라.

어리다니요.
열세 살이면 김원봉 선생님이
학교에 걸어놓은 일장기를
똥통에 처넣은 나이입니다.

!

독립혁명가 김원봉

여기 주소는
어떻게 알았지?

아버지가
가르쳐주셨어요.

네 이름이 뭐냐?

나응섭입니다.

혹시 네 아버지
함자가?

'석' 자 '주' 자입니다.

나석주 동지가
네 아버지였구나!

그렇습니다.

아버지가 거사 전날
이곳 주소를 주시면서
거사 보고를 하라고 유언하셨습니다.

그래서 거사는
어떻게 진행되었느냐?

1926년 12월 28일
나석주는
동양척식주식회사와
조선식산은행에
폭탄을 던지고
권총을 난사했다.

그곳 직원과
경찰부 경부보를
사살한 뒤
일본 경찰에 포위되자
모여든 군중에게
소리쳤다.

독립혁명가 김원봉

나는 조국과
조선 민중의
자유를 위해 싸웠다.
2천 만 군중들아
쉬지 말고 싸워라!

저놈을 잡아라!

독립혁명가 김원봉

신해혁명으로 중국 최고 권력자가 된 사람이 누군지 아시오?

손문(孫文)입니다.

그에게서 만나자는 연락이 왔소.

1911년에 중국에서 신해혁명이 일어났다.
만주족이 세운 청나라 왕조가 무너지고 황제를 비롯한 지배층은 만주로 쫓겨났다.
봉건시대가 무너지고 민중이 주인인 나라, 중화민국이 된 것이다.

4화 조선혁명선언

막강한 군대를 앞세운
봉건 군벌은 신해혁명에 반발했다.

혁명 세력과 봉건 군벌 사이에
벌어진 치열한 내전으로
중국은 대혼란에 빠졌다.

중국 혁명 세력은 국민당과 공산당이
손을 잡고 만든 국민혁명군이었다.

여기에 소련까지 힘을 보태서
국민혁명군 간부를 양성하는
황포군관학교를 세웠다.

중국국민당 총리
손문은
의열단과 조선 청년들이
중국 대혁명에
참여하게 해달라고
김원봉에게 부탁했다.

중국 지도자가 김원봉을
만난다는 것은
의열단의 가치를
크게 알아보았다는
뜻이었다.

김원봉 단장,
언제까지 돌아오지
않는 화살을
쏘려 하시오?

!!

돌아오지 않는 화살….
뼈아픈 지적이다.

지금까지 수백 명을 조선과 일본으로
보내 거사를 일으켰으나
돌아온 사람은 손에 꼽을 정도였으니
돌아오지 않는 화살이 맞았다.

의열단원이 거사에 성공해도
공을 치하받을 기회도 얻지 못하고
원수의 손에 무참히 꺾여버리는 상황이
계속되어 투쟁의 한계를
절감하고 있던 터였다.

백범 김구도
의열단 본부에
격려차 방문해서
이렇게 말했다.

해방된 조국에서
나라를 이끌어야 할 인재를
낭비하는 것 같아
너무 안타깝소이다.

독립혁명가 김원봉

임시정부 안창호도 이런 말을 해서 김원봉을 섭섭하게 했다.

폭탄을 의열단 단독으로 사용하지 말고 임시정부 군사 당국에 적을 두고 실력을 쌓은 뒤 대대적으로 행동해야 할 것이오.

손문은 말했다.

우리랑 손을 잡고 우선은 북벌을 하지만 일본과의 전쟁에도 대비해야 합니다.

중국과 일본 사이에 전쟁이 일어난다면 소련과 조선까지 포함된 전쟁이 될 것입니다.

좋습니다.
저도 의열단 이하
조선 청년들을
군대로 성장시키고
싶습니다.

황포군관학교에
조선 청년을 입교
시키겠습니다.

김원봉 단장, 고맙소.
적극 협조하겠습니다.

저는 황포군관학교
입교를 반대합니다!

첫째, 의열단을 죽이는 일입니다.
둘째, 국민당과 공산당 합작은
　　　허깨비나 다름없습니다.
셋째, 우리는 어디까지나
　　　중국에서 외국인입니다.

황포군관학교의 입교는
의열단을 스스로 해체하는
일입니다.

국내외에서
대중운동이 활발해져서
폭력 투쟁이 낡은 방법이라고
오해를 받아도 의열단은
지켜야 할 자리가 있습니다.

황포군관학교는
소련, 중국공산당,
중국국민당이
손을 잡고 세운 것이니
개와 원숭이가
한 우리에 든 꼴입니다.

원수끼리 잠시 손을 잡았을 뿐이니
국민당과 공산당의 모임이 깨지는 순간
황포군관학교의 문도 닫힙니다.
그러면 의열단도 온전하지 못합니다.
분열됩니다.

무엇보다 손문이 돕는다지만
우리를 위한 일이 아님을
명심해야 합니다.

신흥무관학교에서 양성한 간부는 독립군을 이끌고 봉오동전투와 청산리전투에서 일본 군대를 무찔렀다. 하지만 승리는 잠시뿐이었다. 만주는 우리 땅이 아니었고 중국 혁명 정부의 힘도 미치지 못했다. 만주를 차지하고 있는 군벌 세력도 독립군과 조선 마을을 불태우고 조선 사람 수천 명을 학살했다. 그다음 해인 1921년 일본에 쫓긴 독립군이 러시아 자유시로 갔다가 무장해제당했고 조선 독립군 수백 명이 죽었다.

러시아가 북해에서 어업권을 얻으려고 일본이 요구한 조선 독립군 무장해제 요구를 들어주었기 때문입니다.

어느 나라나 자기 나라에 이익이 된다면 이념이나 명분 따위는 쓰레기처럼 버리는 것이 현실입니다. 의열단도 당장 눈앞의 이익에 눈이 어두우면 안 됩니다.

저는 유자명 동지의 생각에 동의하지 않습니다.

중국인들이 국민당, 공산당으로 합치든 분열을 하든 우리 의열단 조직만 단단하면 흔들리지 않고 우리 길을 갈 수 있습니다.

우리만 선명한 색깔을 가지고 있으면 중국과 소련도 우리를 무시 못할 것입니다.

또 의열단이 중국과 소련의 손을 잡음으로써 조선에서 인정받는 세력이 될 수 있습니다.

의열단 근거지를 광주로 옮기고 황포군관학교에 입교합시다!

그 결정 환영합니다!

유자명 동지, 우리 모두 황포군관학교로 갑시다.

단장, 나는 동의할 수 없습니다. 나는 밖에 남겠습니다.

독립혁명가 김원봉

학병으로 끌려가는 아들의 손을 잡는 어머니.
주위의 감시로 눈물마저 감추어야 했다.

1926년 3월, 약산 김원봉 이하
조선 청년들은 황포군관학교에 입교해서
체계적인 교육과 훈련을 받았다.

입교하지 못한 동포들은
학교 밖에 있는 유자명에게
보내서 따로 교육을 시켰다.

흘어져 있는 조선인 부대를
한곳으로 모아서 큰 덩어리로 만들면
대외적인 조직과 상대할 공식 창구가
생기는 것이었다.

의열단은 개개인의 투쟁에서 나아가
군대를 양성해서 무장투쟁 능력을
키움으로써 일본군과 대적할 수 있는
기초를 만들고 있었다.

1926년
한국혁명청년회를 결성했다.

240

황포군관학교 조선 청년들과
국민혁명군 소속 조선 청년
3백 명이 참여했다.

김원봉은 최고위원에 선출됐다.

여러분!
만리타향에서라도
이렇게 모이면
조금도 외롭지 않습니다.

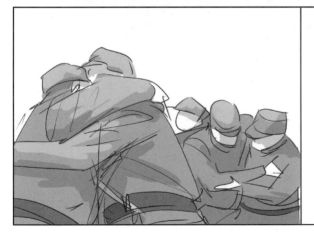

조선 청년들은
감격했고
서로 끌어안았으며
굵은 눈물을 흘렸다.
조국 산하를 떠나
떠돌이 생활을 계속해온
이들에게 이 단체는
믿음과 미래를
보여준 것이다.

김원봉은 황포군관학교에서 군사 정치 교육을 받고 1926년 10월에 졸업했다.

김원봉은 국민혁명군 소위로 임관되어서 황포군관학교 정치부 교관이 되었다.

1922년 3월 상해 황포탄에서 일본 육군대장 다나카를 저격하고 피신했던 의열단원 오성윤도 러시아어 교관으로 들어와 만날 수 있었다.

오 동지, 얼마만이오!

단장님!

요즘 이곳 광주에 체격 좋은 일본인들이 여러 명 보인다고 합니다.

우리 학교 부근에도 몇 명 보이고요.

단장을 노리고 있는 것 같으니
조심하셔야겠어요.

상해와 북경을 무대로 활동하던 내가
남쪽 도시 광주에서 중국이 세운
사관학교에 들어간 걸
눈치 못 챈 줄 알았더니….

외출할 때는 꼭
단원들과 같이
하세요.

설마 중국 땅에서
일본 놈들이
어떻게 할 수 있겠소?

내가 일본 경찰이라면
앞뒤 구분하지 않고 단장을 쏠 겁니다.

단장은 그만큼
일본이 싫어하는
인물입니다.

기와집 1천 채의 현상금은
아직도 유효하다고요.

으음.

244

저기 나오는
다섯 명 중
세 번째 사람이!

어디!

으음!
지금껏 살펴본 놈들 중에서
제일 닮았다.

이놈이 김원봉이지?
봐라!

뒤쫓아!

마쓰우라 주임님,
이놈은 김원봉이
아니라….

최림 소위입니다.

뭐! 확실히 아니냐?

최림 소위라니까요.

김샜다.
에잉~

도대체 이놈은
어디로 숨은 거냐? 에잉~!

김원봉은 황포군관학교 생도가 되면서 이름을 최림으로 바꿨다.
일본의 추격을 피하기 위해서였다.

중국은 1925년 3월 손문이 죽은 뒤 1926년 1월 제2차 전국대표회의에서 중앙집행위원장으로 선출된 장개석(蔣介石)은 군벌 세력을 타도하기 위해 대대적인 북벌을 선언했다.

군대를 몰아 광동에서 북경을 향해 치고 올라간 지 6개월 만에 양자강 유역을 장악했다.

북벌 운동에 황포군관학교 생도가 대거 참여했다. 그중에는 김원봉이 조직한 유월한국혁명동지회 소속 인원도 상당수 있었다.

1차 북벌이 끝나고 장개석은 창당운동이라는 이름으로 쿠데타를 일으켰다.

1927년 4월 12일을 시작으로
〈공산당을 타도하자〉는 격문이
황포군관학교에도 붙었다.

예상한 일이었다.

장개석의 쿠데타는
국민당 좌파와 공산당이 손을 잡으면서
시작된 국공합작이 무너지는 신호였다.

장개석은 국민당 안에 자리 잡은
공산당을 쓸어낼 작정이었다.

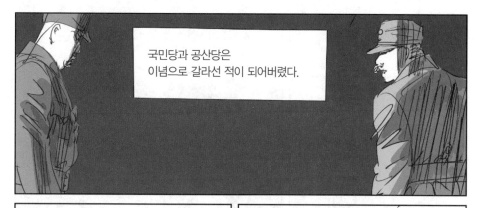

국민당과 공산당은
이념으로 갈라선 적이 되어버렸다.

유자명이 중국의 정세를 면밀하게
파악하고 있어서 장개석의 쿠데타는
예상하고 있었다.

좌우합작으로 하나가 된 국민당이지만
어디까지나 반봉건, 반군벌, 반외세를
위해 손을 잡았을 뿐
좌우 실체는 바뀌지 않았소.

국민당이 다시 양쪽으로 갈라지더라도
좌우에 속해 있는 동지들끼리
총질하는 일이 있어서는 안 됩니다.

처분 대상이 되는
조선 청년 공산당원은
빨리 빠져나오도록
하시오.

사태는 험악하게 변했다.

매일 공산당 수백 명을 잡아다가
거리에서 공개 처형했다.

공산당원이 아니어도
광주를 떠나시오.

우리가
뭐 걸릴 것도 없는데
왜 나갑니까?

공산당원이 아니라고
이마에 써 붙이고
다니는 것이
아니잖소.

250

장개석 군대는
민중이 속 시원해질 때까지
죽이고 또 죽일 겁니다.

어서 항구로
피하시오!

이 배는
어디로 가지?

상해.

정신없이
도망 나오는 틈에
뭘 빠트렸는지도
모르겠어.

중국군 장교가 되어서
힘을 키운 다음
조선 사람으로 부대를 만들어
국내로 진군하겠다는
꿈은 날아간 것이 아니오.

중국은 국공합작에
실패했으나 우리는 지휘관
수백 명을 얻었소.

실패는 없소.
이만큼 전진한 겁니다.

황포군관학교는 짧게
끝났지만 많은 조선 청년이
지휘관 자질을 얻은 것은
적지 않은 수확이오.

상해에 도착하자마자
단재 신채호를
만났다.

서두르지 마시오.
역사는 아무리 느려도
전진하는 법이오.

상해 프랑스 조계를
들락거리는
일본 경찰의 숫자도
전보다 훨씬 많아졌다.

자국민을 보호해야 한다는
구실을 내세우는 일본을
중국도 막을 수 없었다.

조선 사람들이
일본 자국민은 아니지만
일본이 조선을 지배하고 있으니
조선 사람은 일본 사람인 것이다.

자국민이 범죄자를 잡겠다는데
어쩌겠는가.

일본 정부에서
조선 혁명가는
범죄자일 뿐이었다.

이제는 단장이
중국혁명군 소위 신분이 아니고
우리도 국민혁명군 장교나
군관학교 생도가 아니니
아무도 못 지켜주오.

1926년에는 국내외에서도 다양한 사건들이 있었다. 연초 조선총독부가 남산에서
경복궁 새 청사로 이전했고, 4월에는 순종황제가 세상을 떠났다.
순종의 장례식을 기해 대대적으로 6·10 만세 운동을 계획했지만 탄로 나서 200여 명이
검거되었다. 일본군은 6·10 만세 운동을 저지하기 위해 평양, 함흥, 나남 등지의 육해군
5,000여 명을 서울에 집결시켜 철통 같은 방비 태세를 갖추었으나
이런 상황에서도 6·10 만세 운동은 일어났다.

독립혁명가 김원봉

2월에는 상해에서 병인의용대 대원
장진원, 최병선, 김광선 3인이
일본 첩자로 악명을 떨친 박제건을
처단했다.

4월에는 송학선이
창덕궁 금호문 앞에서
사토라는 일본인을
사이토 총독으로
오인하고 저격해서
총독부를
공포에 떨게 했다.

병인의용대 강창제 등 단원 세 명은
시한폭탄으로 상해의 일본 총영사관 창고를
폭파하고 일경 두 명에게 중상을 입혔다.

5월에는 나창헌이
단원 고준택, 김석룡, 이영선,
김광선을 국내로 보내
순종의 장례식을 기해
일제 요인을 처단하고
중요 기관을 폭파할 계획을 세웠다.
이들의 국내 잠입 계획은
사전에 발각되어서 모두 체포됐고
혹독한 고문을 받았다.
이영선은 옥중에서 자결했다.

오적암살단 단장 이우명이 같은 달
대구형무소에서 8년 만에 출감했다.

12월에는 의열단원 고오덕이
대구형무소에서 옥사했다.

임시정부도 변화가 있었다.
국무령 이상용이 사임했고
여운형은 상해에서
사회주의자동맹을 조직했다.
임시정부 의정원은
안창호를 새 국무령으로
선출했으나 안창호는
곧 사퇴했다.
이후 임시정부는
김구를 중심으로
대일 투쟁에 나섰다.

1927년 2월에는 국내에서
민족주의 진영과 사회주의 진영이
손을 잡고 신간회를 만들었다.
이해관계와 이념에 따라 갈라져 있던
여러 단체들이 한곳으로 모인 것이다.
폭력 투쟁 단체와 민중을 계몽하고
독립운동을 지원하는 단체도 포함되었다.
1896년 독립협회, 1907년 13도창의군,
1919년 임시정부도 줄기차게 시도한
단일 집단 시도가 드디어 '신간회'라는
이름으로 이루어진 것이다.

신간회 소식은 한국혁명청년회를 자극했다.

국내에서 혁명 의지가
뜨겁게 끓어오르고 있습니다.

지연, 혈연, 학연, 종교, 계급,
이념 등에 따라서 갈기갈기 찢어져 있던
해외 독립운동 세력이 아직 이루지 못한
단일 노선을 일제의 탄압을
직접 받고 있는 국내에서 이루었다니
부끄럽고 부럽습니다!

국내에 이렇게
단단한 조직이 생겼는데
우리가 가만있을 수
있겠습니까.

옳소!
신간회와 손을 잡고
일본 놈들을 몰아냅시다!

258

단장님, 상해 부두에서
내리는 일본군이 5백 명
정도였습니다.

기회를 놓치지 않는
간악한 일본 놈들.

청당 운동을 명분으로
장개석이 상해로
밀고 들어온다는
소식과 맞물린 일이오.

일본은
중국의 북벌 과정에서
자국민의 희생을
막기 위해
상해에 군대를
보낸 것이오.

지난 북벌 때 주은래(周恩來)는
중국국민혁명군이 진격을 쉽게 하도록 돕기 위해서
상해에서 노동자 폭동을 일으켰다.

그 바람에 상해에 사는
일본인들이 불안에
떨었다면서
군대가 들어온 것이다.

국공합작이 깨져서 힘이 약해진
중국국민당은 일본의 행동을 막지 못했다.

독립혁명가 김원봉

일본군뿐 아니라
일본 경찰도
상해 바닥에
쫙 깔렸습니다.

경찰과 군인이
부두를 뒤지고
다니고 있습니다.

중국인 감독이
막아도 일경은
조선 사람들만 골라
잡아들이고 있어요.

으음, 상해는
일본 놈들 세상이
되어버렸구나.
이곳은 위험하다.

에잉~ 너희 놈들은
왜 고통을 불러들이지?

나도 너희 놈들을
아프게 하는 것이
싫다고.

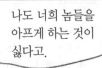

피투성이 얼굴이
꿈에 보인다고. 에잉~

고문하는데
힘도 들고. 에잉~

헉헉헉~

에잉~!

그러니까
상해 의열단
본부를
불란 말이야!
김원봉 그놈이
있는 곳을 말해!

너!

독립혁명가 김원봉

1927년 4월 위기감을 느낀 김원봉은 이동이 가능한 모든 청년당원을 이끌고 상해보다 안전한 무한(武漢)으로 의열단을 옮겼다.

무한에는 주은래 국민정부 정치국 위원이 있었다.

독립혁명가 김원봉

주은래는 무한에서 맺은
국공합작이 깨진 다음
국민당 좌파 세력과
장개석 독재에 반대하는
정치 세력을 모아서
국민정부라는 좌파 정부를
만들었다.

국민정부는
군벌 타도와 외세 축출을
내세웠다.

지금 중국에 위협이 되는
외세는 일본뿐이었다.

일본을 몰아내려는 세력과
손을 잡는다는 원칙을
바꿀 이유가 없었다.

중국 국민들은
이들의 이념과 관계없이
이리 꺾이고 저리 할퀴어졌다.

지난 북벌 때
노동자를 모아 폭동을 일으키고
장개석이 상해로 들어오는 길을
열어준 공을…

숙청이라는
선물과
바꿨습니다.
허허허.

공산당도 우리 의열단도 실패와
좌절의 연속이라는 공통점이 있었군요.

군벌을 무너뜨리고
외세를 몰아낸 북벌이
결국은 장개석의
권력 쟁취로 바뀌고
말았답니다.
아쉬운 일이죠.

우리가 무한에 온 목적은
조선 사람을 하나로 모아서
민족 협동전선을 세우기 위해서입니다.

독립혁명가 김원봉

혁명은
노선을 하나로 묶는 것이
무엇보다 중요합니다.

김 동지.
우리가 손잡고
일본군을 쳐부숩시다.

처형 직전의 북간도 조선인.
일본도는 사무라이의 시대가 끝나고 이런 만행에 사용되었다.

김원봉과 함께
독립운동을 한 김성숙은
약산 김원봉을 이렇게
평가한다.

김원봉은 굉장한 정열의 소유자였습니다.
동지들에 대해서도 굉장히
뜨거운 사람이었지요.
그는 자기가 만난 사람을 설득시켜
자기의 동지로 만들겠다고 결심하면
며칠을 두고 싸워서라도 뜻을 이뤘지요.
그렇기 때문에 동지들이 죽는 곳에
뛰어들기를 겁내지 않았습니다.
그만큼 남으로 하여금
의욕을 갖게 하는 사람이었지요.
그것이 김원봉의 가장 큰 능력이였습니다.
그 점에서 김원봉과 김구는 닮았습니다.

주은래의 국민정부는 북벌에 나섰던 군대를
이끌고 민중 봉기를 일으키기로 결정했다.

많은 조선 청년도 봉기군에 참여했다.

독립혁명가 김원봉

첫 봉기 장소는 난창(南昌)이었다.

1927년 8월 1일 새벽 2시
세 발의 총소리를 신호로
전투가 시작됐다.

3만 명의 주은래 군대는 5시간의 격전 끝에
1만 명의 적을 사살했다.

난창봉기는 공산당 창당과 국공합작 이후 장개석이 일으킨 쿠데타로
국공합작이 깨진 다음 추락한 좌파 세력이 기사회생한 사건이다.

사람 목숨을
파리 목숨같이
취급하는 사람들….

동족끼리 잔인하게
학살하는 이런 분위기에
남아 있을 이유가 없다.

김원봉은 광주 봉기에 참여하지 않았다.
김원봉은 공산당의 반봉건, 반제국 인민 전술에 공감하고 항일 진로를 찾기를 바랐지만
중국공산당의 그림자에 자신의 존재가 파묻히는 것을 원치 않았다.

272

주은래 군대는 난창봉기 후
광주로 남침하던 중
광서군과의 전투에서
대패하고 말았다.
이때 참여한 200여 명의
조선인 대부분이
희생되었다.

주은래는 살아남은
국민정부군을 이끌고
소비에트 해방 구역으로
이동했으나 1928년 3월에
완전히 무너지고 말았다.

김원봉과 유자명은
간신히 상해로 돌아왔다.
모인 동지는 20여 명뿐이었다.

중국인들끼리의 전쟁에
한인이 참가해서
이런 결과가
생기고 말았소.

그 인원은 일본을
몰아내는 데
써야 할 우리의
주축이었는데….

약산, 너무 괴로워하지 마시오.
중국에서 활동하는 우리가
중국에서 벌어진
혁명과 반혁명의 싸움에
등을 돌리고만 있을 수는 없었어요.

어쨌든 이번 희생으로 의열단원은
물론 한국 독립운동 진영이
큰 충격을 받은 것은 사실이오.

빨리
회복시킬 방법을
찾읍시다.

274

독립혁명가 김원봉

일경의 보고서

상해에 잠복한 의열단원은 약 20명으로
때때로 모여서 무슨 일인가를 꾸미는 듯하다.
특히 최근 정보에 의하면 조선 내에서도
지방 지부를 설립하고자 한다고 전해진다.

맞는 정보이다.

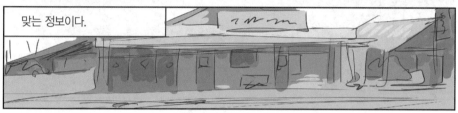

중국이 좌우로 갈라져
유혈 투쟁을 하는 걸 본 의열단은
상해촉성회를 조직하고
동포들끼리 힘을 한곳으로 모아
일제와 싸우자고 했다.

한국 유일 독립당 무한촉성회의 인원은 150명이었고
의열단의 외곽 단체인 유월한국혁명동지회의 적극적인 후원이 있었다.
의열단원 박건웅이 주도적 역할을 했다.
남경촉성회에는 30명이 모였고 의열단원 권중한 등이 힘을 보탰다.
광동촉성회에도 의열단원 오성윤이 참여했다.

5개 촉성회 대표들이
상해에서 모여
한국독립당관내촉성회
연합회를 만들었다.
주도적 역할은
안창호, 원세훈,
김원봉이 담당했다.

이로써 의열단은 새로운 변화를
찾아야 했다.

276

그 변화는
1925~1926년
정치적 환경의 변화,
국내 민중의 동향,
국내 민족운동 및
사회 운동계의
새로운 움직임 및
내부 세력 각축 등이
투영된 결과였다.

특히 안창호 등
조선공산당
인사들과의 만남이
이념적 변화에
영향을 끼쳤다.

그러던 중

강평국 동지,
긴히 말할 것이
있다는 게
뭡니까?

세상에…
이럴 수가 있단
말입니까?

나석주 동지가 동양척식주식회사와
조선식산은행을 폭파할 때 도와준 동지들이
왜 일경에 체포된 줄 아십니까?

김천우가 일경에 밀고했답니다!

김천우가!

원샷 원킬!

278

무엇이든 처음은 어렵지요.
자꾸 하다 보면
손에 익을 겁니다.

그러나 과녁을
잘 맞힌다고
사람을 잘 맞히지는
않습니다.

사람을 죽이는 것은
쏘아본 사람만이
할 수 있는 일입니다.

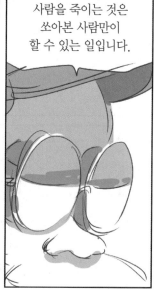

그렇다면 김천우가!

의열단 강령에 따라 배신자를 살려둘 수 없습니다.

이 일에 저를 꼭 데려가주십시오!

나석주 동지의 아들 나응섭!

아버지의 의거를 무색하게 만든 자를 처단하겠습니다.

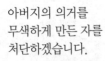

김천우를 천진으로 유인합시다.

독립혁명가 김원봉

곧 일으킬 거사가 정해졌고
책임자는 강평국 동지이니
강평국 동지 호위 임무를
김천우 동지가 맡아주시오.

김천우에게서 곧바로
천진으로 가겠다는 답이 왔다.

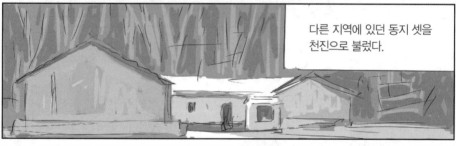

다른 지역에 있던 동지 셋을
천진으로 불렀다.

상해에는 김천우와
친한 동지가
있을 수 있으니
아무도 부르지 않았다.

다급한 상황이 오면
인간관계가 앞서서
일을 망칠 수
있기 때문이다.

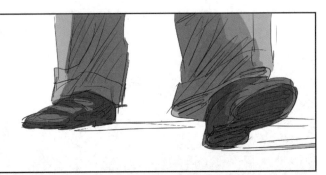

이것 봐라.
천진항 기차를 타러 가는 내게
바로 미행이 붙었다.

김천우가 밀정이라는 것이
확실해졌다.

284

나를
유인한 것이군요.

의열단은
배신자를…

죽이지요.

따뜻한 바람은
봄마다 불어서
겨울을 되돌리지만
한번 잃어버린 국권은
아무리 봄을 외쳐도
되돌아오지
않더라고요.

오지 않을 독립은
동지와 조국을 배신한
핑계가 되지 않는다.

가족에게 남길
유언을 말하라.

해방 조국에
돌아가면
전해주겠다.

생략하겠소.
대신 부탁 한 가지
하겠소.

한방에 끝내주시오.
원샷 원킬.

286

조선인을 앉혀놓은 채 칼로 목을 치고 있다.

초기 임시정부의 외무총장이었던 박용만도
독립운동 진영을 배반했다는 이유로 처단되었다.

독립혁명가 김원봉

의열단은 여전히 폭력투쟁을 병행하고 있었다.

1927년 신간회가 만들어지자
여성단체 근우회가 조직됐다.

근우회는 1929년 광주 학생의거를
도왔고 1930년 서울 여학생 시위를
이끌었다.

중심 일꾼이었던 박차정은 투옥되어 고문당했다.

1931년 신간회와 근우회가
좌우로 편이 갈려
분열하다 결국 해체되고 말았다.

의열단원이자 박차정의 오빠인 박문희는
박차정을 국내에 두면
일경에 체포될 것을 걱정하여
북경으로 데리고 왔다.

독립운동의 대중화가
만병통치가 아니라는 것이
증명되었습니다.

신간회와 근우회의 해체는
구성원을 잘 조정하고
이끌어갈 지도자 조직이
없었기 때문이었어요.

이제 국내에서
인재를 키울 수 없으니
중국에서 우리가 키운 다음
국내로 파견합시다.

독립혁명가 김원봉

김원봉은 1930년 4월
폭탄을 던지는
의열 투사가 아니라
군중 속으로 들어가
계몽하고 조직해서
독립 역량을 키워내는
레닌주의정치학교를
세웠다.

2회에 걸쳐
교육을 받은 21명의
조선 청년들이
국내와 만주에서
치열하게
항일 투쟁을 했다.

34살 김원봉은
22살 박차정과
결혼했다.

1932년 1월
한인애국단 소속 이봉창이
동경에서 일왕 마차에
폭탄을 던졌으나
불발되었다.

이봉창의 거사는 실패했으나
한인애국단 소속 윤봉길은
1932년 4월 29일
상해 홍커우공원에서
조선 사람은 독립할 생각이
없다는 일제의 거짓 선전을
만천하에 알리며
쾌거를 이뤘다.

일왕의 생일연과 상해 점령 전승 기념 행사 장소에 폭탄을 던져 총사령관과 상해
일본 거류민단장을 비롯한 여러 명을 죽이고 다치게 한 것이다.

그 후 일본군은 보름 만에 장개석과
휴전을 맺고 상해에서 물러갔다.

하지만 일본이 상해에서 물러가는
휴전협정에는
'조선 독립을 돕지 않는다'는 조항이
있었다. 일본은 상해를 뒤집어
조선 사람들을 잡아들일 계획을 세워
두었다.

일본을 피해
의열단 본부를
남경으로 옮겼다.
레닌주의정치학교도
문을 닫았다.

남경으로 김학우가
찾아왔다.

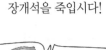

장개석을 죽입시다!

정적이라면 모두
공산주의자로 몰아서 숙청해버리고
조선 사람이 어떻게 되든 상관 않겠다는
휴전도 마음에 들지 않아요.
조선 독립을 돕지 않겠다고 약속한 것은
일본 손을 빌려서 좌파 단체를
쓸어내겠다는 술수입니다!

장개석이
쿠데타를 일으키고
정적을 숙청하는 과정에서
많은 조선 사람이
희생됐어요.

장개석을
그냥 두었다가는
의열단도 공산당으로 몰려
숙청당하고
말 것입니다!

아직은 아니오!

우리는 장개석의 힘을
이용해야 합니다.

우리는 지금 몹시 배가 고픕니다.
내 말 아시겠소?

독립혁명가 김원봉

장개석 살해 모의를 막은 것은
잘한 일이었다.

김원봉은 남경으로 가서
황포군관학교 동기생인
텅제를 만나서
한중 연합 항일운동
활성화 의도를
장개석에게 전달했다.

장개석은 고무되어
김원봉 지원을
지시했다.
장개석에게
큰 덕을 본 것이다.

민족운동위원회가 만들어졌다.

조선혁명군사정치간부
학교를 설립했다.
교장은 김원봉.
역시 황포군관학교
동문들의
협조가 절대적이었다.

훈련 기지, 교사, 숙소, 총기, 탄약,
피복, 장비 그리고 지원비 3천 원이
책정되었다.
중국 정부는 경상비 매월 2~3천원, 수
시 경비 1천~1만 원,
의열단 운영비 4백~1천 원,
졸업생 생활비와
공작 활동비로 71만 원의
거금을 지원했다.

김원봉과 의열단은
망명 이래 처음으로
여유 있는 자금을
쓸 수 있게 되었다.

김원봉은 남경에서 6년 동안
중국 정부와 연합하여 항일 투쟁의
기반을 다지고
조선혁명군사정치간부학교를 운영했다.

김원봉의 강의 목표는 오로지 조선 혁명이었다.
그 외 혁명군의 핵심은 시종일관
무장투쟁이었다.
국내의 노동자, 농민들과 함께
강력한 중심 조직을 만들어서
무장투쟁과 연결하는 것이었다.

일본과 미국,
일본과 러시아의
전쟁도 예견했다.

러일전쟁이 시작되면
일본의 후방 전선을 파괴해서
러시아를 승리하게 해야 하며
일본을 파괴하면
조선의 혁명은
더욱 가까워집니다.

조선혁명군사정치간부학교 졸업생들은
만주와 국내로 보내졌다.

약산, 배신자의 밀고로
국내에 잠입한 졸업생들의
대대적인 검거가
시작됐답니다.

더 이상 국내 파견은
무리입니다.

만주와 국내의
졸업생들에게
복귀 명령을 내리시오.

러시아와 중국이
일본과 전쟁을 하면
우리도 참전해야 합니다!

이제는 군대를
만들어야 할 때입니다!

독립혁명가 김원봉

군대를 만들려면 먼저
정치 세력을 한곳으로
모아야겠지요.

조선의 젊은 여인들을 끌고 가서 일본군의 위안부로 만들었다.

1935년 7월 5일 한국독립당,
신한독립당, 조선혁명당,
대한독립당, 의열단은
해체를 선언했다.

좌와 우를 가리지 않고
유일당인 민족혁명당을
만들기 위한 수순이었다.

독립혁명가 김원봉

중앙집행위원은
여섯 명이었는데,
김원봉, 김두봉, 김규식,
이청천, 최동오
다섯 명을 우선
임명하고 한 자리는
임시정부의 김구를
위해서 남겨놓았다.

하지만 임시정부는
끝내 민족혁명당에
참여하지 않았다.

우리 임시정부는
좌파 성향의
단체와
손잡지 않습니다.

임시정부는 빠졌으나
김원봉은 이로써 의열단장이라는
일개 독립 단체의 리더에서
중국 관내 독립운동 지도자의
위치에 올랐다.

김구가 1930년대 중반 이후
민족주의 우파 세력의 리더였다면
김원봉은 좌파 세력의 주축이었다.

김원봉은
조선공산당 재건 동맹 참여와
레닌주의정치학교 운영으로
인해 우파로부터
공산주의자로 매도되었다.

최초의 공산주의 잡지
《혁명》의 주필을 맡았던
김성숙은 이렇게
말했다.

김원봉은
'우리 민족과 국가가 잘 되려면
이런 방향으로 가야 하나 보다'
라는 생각에서 공산주의를
받아들였지, 근본적으로
민족주의자이자 애국자로서
항일 투쟁에 나선 투사였습니다.

1937년 7월 만주를 차지한
일본이 만리장성을 넘어
북경으로 쳐들어갔다.

중국공산당은
만주를 회복시키기 위해
국민당과 힘을 합칠 것을
원합니다!

일본은 피부병!
공산당은 심장병!

나 장개석은
중국에서 공산당을
없애는 것이
첫째 임무다!

위원장님,
일본군이 12월 13일에
남경까지 밀고
들어왔답니다!

뭣이?

공산당 토벌은 다음 일로 미룬다!
빨리 중국공산당에 연락해서
같이 일본과 싸우자고 해라!

중국이 일본에게 완전히 점령당하면 우리 혁명도 지속시킬 수 없소.

장개석과 주은래도 우리가 군대를 조직하는 걸 적극 후원한다고 했으니 흩어져 있는 우리 세력들을 빨리 모아야 하오.

1938년 10월 10일 중국 임시수도 한구(汉口)에서 조선의용대가 결성되었다. 151명이었다.

여러분!
깃발을 높이 들고 중국 형제와 손잡고 최후까지 싸웁시다.
우리의 규모가 작다고 깔보면 안 됩니다.
우리 뒤에는 삼천 만 동포가 있습니다!

조선의용대는 조선어, 중국어, 일본어에
능통해서 후방에서 활동했다.

광주가 점령당하자 중국은 계림까지 후퇴했다.

김원봉의 처 박차정은
만국부녀대회에 참가했고
일본의 침략을 규탄하는
라디오 방송을 하고
대본부 부녀복무단의
단장으로 활약했다.

박차정은 1939년 2월 장서성
곤륜산 전투에 참가했다가
총상을 입었다.

박차정은 조국 해방을 얼마 남겨두지 않은
1944년 5월 27일
남편 김원봉과 동지들을 남겨두고 생을 마쳤다.

사랑이여
그대를 위해서라면
내 목숨마저 바치리

그러나 사랑이여
조국의 자유를 위해서라면
내 그대마저 바치리

헝가리의 시인이자
독립운동가인
샨도르 페퇴피(Sándor Petőfi)
의 시는 김원봉과 박차정을
말하는 듯하다.

김원봉은 슬퍼할 시간도 없었다.

306

우리 의열단 선언문을
써주신 단재 신채호 선생이
여순감옥에서
10년형을 선고받고
복역 중 사망하셨소.

단재 선생은 평소
"현실에서 도피하는 자는
'비겁한 자'이고
굴복하는 자는 '노예'이며
싸우는 자는 '전사'이다"
라고 말씀하셨소.

우리는 이 중에
어떤 자가 되겠소!

바로 전사가
되어야 합니다!

전사!

전사!

조선의용대는 기관지
《조선의용대 통신》을 발행했다.
논설, 보고문, 시사평론 등
다양한 형태의 기사들이 게재되었다.

한인들은 중국과 일본의 전쟁에
참여하게 된 대의 등
조선의용대의 위상을 효과적으로
홍보했다.

김원봉은 앞에서 일본과 총칼로 싸우며 뒤에 있는 민간인들을 깨우쳐 지원과 동참을
이끌어내고자 노력했다.

독립혁명가 김원봉

중국의 대표적인 문인 겸 사상가 곽말약(郭沫若)은 자서전에 이렇게 기록했다.

길가의 담벽이나 도로 위에 페인트나 콜타르로
크게 쓴 일본어 표어가 눈에 들어왔다.

"병사들은 전선에서 피 흘리고 재벌은 후방에서 향락에 빠져 있다"
"병사들의 피와 목숨은 장군들의 금메달"
"가족이 기다리고 있다. 목숨을 아껴라"

이것은 나를 감동시켰다.
이 일은 모두 조선의용대가 한 것이다.
그중 단 한 명도 중국인이 끼어 있지 않았다.
무한이 일본군에게 함락되기 2일 전의 위급한 상황에서
중국인은 퇴각 준비를 하고 조선인들은 우리를 대신해서
대적군 표어를 쓰다니!
그들은 망국의 처참한 아픔을 갖고 있고 중국에까지 떠밀려 와서도
일본과 싸우고 있는 것이었다.
조선의용대는 중국국민당의 통제 하에 있었는데도
애국의 표현은 모든 구속으로부터 벗어나 있었다.
그들은 참으로 고상하다.

조선의용대는 3년간 중국 땅에서 일본을 상대로 맹활약했다.

임시정부는 1942년 4월 20일 28차 국무회의에서 김원봉의 조선의용대와 광복군의 합류를 결정했다.

310

투쟁 노선이 다른
두 세력이
이념과 노선을
초월해서
뭉친 것은 대단한
발전이었다.

김원봉은 1945년 1월
최동선과 재혼했다.

1941년 12월 7일 일본이 진주만을 기습 공격하면서 태평양전쟁이 시작되었다.

미국은 일본과 적대 관계에 있는
나라들과 손을 잡고 일본과 싸웠다.

미군 첩보 부대 OSS는
광복군에게도
군사훈련을 시켜주고
비행기 지원도 약속했다.

미국이 전선에서 싸울 병력을 보충하기 위해
서울을 지키는 군대까지 빼 간 상태라서
서울이 허술해졌다는 소식이 있었소.

광복군 모두에게 공수 훈련을 시켜서
낙하산을 타고 공중으로 침투하면
서울에 있는 일본군을 궤멸시킬 수 있소.

일본은 전쟁에서
계속 밀리고
있다고 합니다.

312

기다리고 기다리던
기회는 다가오고
있소!

1945년 8월 6일
미국은 히로시마에
원자폭탄을 투하했다.

상상할 수도 없이
어마어마한 피해가
있었답니다!

독립혁명가 김원봉

1945년 8월 15일

드디어 일본이 항복했다.

독립혁명가 김원봉

해방을 맞아 서울 남산에 처음으로 국기가 게양됐다.

조선의 해방 소식은
희소식이라기보다
하늘이 무너지고
땅이 꺼지는 일이오!

우리 힘이 아닌 연합국의 힘으로
해방이 되어버렸으니 무장 혁명군을 이끌고
일제를 쓸어내겠다는 수고가
수포로 돌아가버렸습니다.

이제는 현실로
돌아가야
합니다.

귀국 후
임시정부가 주도해서
선거를 통한 민선 정부를
수립합시다.

그러나 국내 상황은
김원봉의 구상 밖으로
변하고 있었다.

318

해방된 그 해 11월 23일에 미군 수송기를 타고
김구 이하 임시정부 1진 15명이 상해를 떠나 귀국했다.

김원봉과 민혁당원은
12월 3일에 미군 비행기로 귀국했다.

늦게 귀국한 것은
별일 아니라고
말할 수 없었다.

분초를 다투는
해방 정국 속에서
늦은 귀국은
권력 구조와
서열 차원에서
치명적이었다.

이를 두고 일각에서는 먼저 귀국한 이승만과 미 군정이 진보적인 김원봉과 민족혁명당 인사들이 부담스러워 그들을 의도적으로 2진으로 배치했다고 주장한다.

1945년 9월 8일
미국의 존 하지(John Hodge)
중장 휘하의 진주군이 상륙했고
미 군정 설치가 발표되었다.

이때 여러 갈래의 정치 운동이 펼쳐졌다.

여운형이 건국동맹조직을
확대했다.

일제강점기에 모진 탄압을
받아 지하에 잠적했던
박헌영 등 조선공산당
인사들도 부상했다.

일제에 협력했던 한민당
계열은 임시정부를 높이
받든다고 위장하고 나섰다.

독립혁명가 김원봉

가장 먼저 귀국한
이승만은 친일파와
악질 지주를 가리지 않고
세력을 키워나갔다.

김구 중심의
임시정부 요원들은 가장
유리한 위치에서 임시정부
의 역할을 감당했다.

중국에 남아 있던
조선독립연맹은 현지에서
조선민주공화국을 만들었다.

1946년은 연초부터 신탁통치 문제를 둘러싸고
찬탁, 반탁 투쟁이 격렬했다.

민주혁명당의 김원봉과
조선민족해방동맹의 김성숙은
비상국민회의준비회를 탈퇴했다.

이 회의가 우익 진영으로만
되어 있어서 기대하는
민주 통일전선을 이루지 못하고
민족의 분열을 일으키고 있다.

김구 중심의 임시정부 측은 모스크바3상회의에서
신탁통치안이 결정되자 즉시 반탁 운동을
시작했고 비상 국민회의를 열었다.

6화 조선의용대

좌익 측이 민주주의민족전선 결정을 추진하자
미 군정은 이를 남조선 대한민국 대표 민주의원
으로 바꾸고 미 군정 사령관의 자문기관으로
만들려 했다.

민주주의원은 의장 이승만, 부의장 김구,
김규식으로 좌익계를 제외한 인사들로
조직되었다.

김원봉 등 진보파들은
임시정부의 변질에
분노하고
결국 임시정부와
결별했다.
김원봉이
임시정부에 몸담은 지
4년 만이다.

이후 본격적인
정치활동을 했다.
모임을 주도하고
대중 앞에서
많은 연설을
했다.

1946년 2월
꿈에도 그리는 고향 밀양을 방문했다.
1918년 망명한 뒤 28년 만의 귀향이었다.

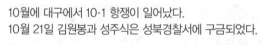

10월에 대구에서 10·1 항쟁이 일어났다.
10월 21일 김원봉과 성주식은 성북경찰서에 구금되었다.

이 무렵 해방정국은
무법천지였다.

이념과 이해관계에 따라
정적을 납치, 구금, 테러하는 것은 물론
살해 행위도 속출했다.

송진우가 암살되었고,

장덕수도 예외는 아니었다.

김원봉은

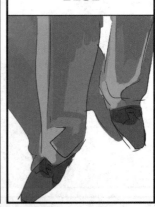

정치적으로나
개인적으로나
점점 구석으로
몰리고 있었다.

김원봉은 중국에서 의열단 활동을 할 때와
마찬가지로 거처를
여러 곳에 두고 옮겨 다니면서
반대 세력의 추격을 따돌리고 있었다.

이때 중국에서 귀국한
민주혁명당 당원들이
속속 김원봉에게 모여들었다.

그는 이들의 경호로 테러 위협에서 살아남았다.
그러나 언제 어디서 무슨 일이 생길 지 모르는
상황이었다.

망할. 어제보다
4명 더 늘었다.

임시정부도 거의 맥을 쓰지 못하고
좌파 세력의 모임으로 민전이 결성되었지만
별로 존재감이 없소.

우리의 꿈을 끝까지 실현하기 위해서
민족혁명당을 확실한
정치 세력으로 만듭시다.

경남, 경북에서
지방 명문가들이
민족혁명당에
참여하겠다는
연락이 오고
있습니다.

6화 조선의용대

여러분들의
지연, 학연을
놓치지 말고
끌어들입시다.

민족혁명당은 부산지부,
경남지부, 서울지부,
동래지부 등이 속속 결성되면서
당세를 확장시켜나갔다.

1947년 혁혁한 항일 투쟁 경력의
김원봉을 자기 편으로 만들고자
이승만은 윤치형을 보내
여러 번 접촉했다.

다녀왔습니다.

그래, 어찌 되었소?

독립혁명가 김원봉

대답은
같았습니다.

의열단과 항일 노선이
완전히 다른
이승만 선생과는
같이 일할 수 없습니다.

포기해야겠습니다.

으음!

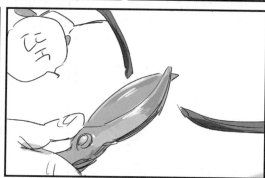

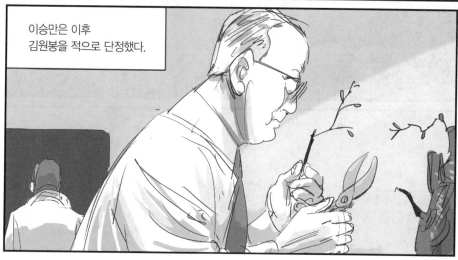

이승만은 이후
김원봉을 적으로 단정했다.

1945년 이후 해방 공간에서
수많은 인물과 정파가 대립하고
암투가 벌어졌다.

그중에서 제일 큰 차이는
미국과 소련의 신탁통치에 대한
대립이었다.

1946년 6월 3일 정읍에서 이승만이
남한만의 단독정부 수립을 제안했다.
미국과 이승만의 세력이 분단 정부 수립 쪽으로
정책 방향을 정한 것이다.

김원봉은
이를 비판하며
좌우합작,
통일 정부 수립을
분명히 주장했다.

328

이 무렵 김원봉은
엄청난 긴장 상태에서
활동했다.

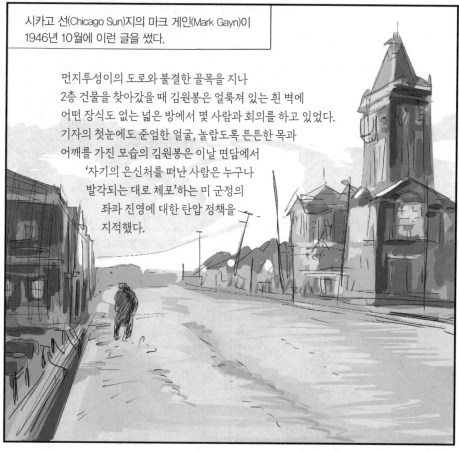

시카고 선(Chicago Sun)지의 마크 게인(Mark Gayn)이
1946년 10월에 이런 글을 썼다.

먼지투성이의 도로와 불결한 골목을 지나
2층 건물을 찾아갔을 때 김원봉은 얼룩져 있는 흰 벽에
어떤 장식도 없는 넓은 방에서 몇 사람과 회의를 하고 있었다.
기자의 첫눈에도 준엄한 얼굴, 놀랍도록 튼튼한 목과
어깨를 가진 모습의 김원봉은 이날 면담에서
'자기의 은신처를 떠난 사람은 누구나
발각되는 대로 체포'하는 미 군정의
좌파 진영에 대한 탄압 정책을
지적했다.

6화 조선의용대

끌어내!

화악

태워!

부우웅

여… 여보!

김원봉이 체포되었다.
중부경찰서였다.

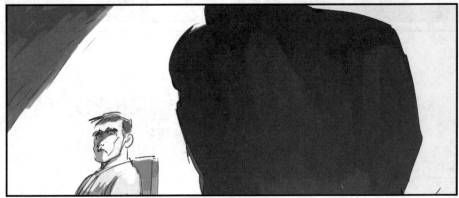

너... 너는!

그래, 노덕술이다.
일본 이름
마쓰우라 히로.

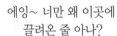

에잉~ 너만 왜 이곳에
끌려온 줄 아나?

조선노동조합전국평의회가 24시간 총파업을 했는데
이를 빌미로 미 군정과 우익 청년 단체들이
민전과 그 산하 단체들을 습격했다.

이 사건으로
2천 명이 검거되었거든.
그럼 작은 사건이겠나?
큰 사건이겠나?

에잉, 네가
주도했지?

말해!

너는 포고령 위반 혐의야!
군사 법정에 서게 될 것이다!

이놈을 그냥!

가만!

재판정에 세워야 하니까
상처를 내지 말라는
지시가 있었습니다.

에잉!
이 새끼
오늘 운 좋은 줄
알아라.

4월 9일
김원봉은 무혐의로 풀려났다.

독립혁명가 김원봉

중부경찰서에서
온갖 수모를 당한 뒤
풀려나
전 의열단원
유석현의 집에서
꼬박 3일간을
통곡했다.

평생을 조국 광복에 몸 바치고 민혁당의 서기장을 거쳐
임시정부의 국무위원 겸 군무부장을 지낸 김원봉이
악질 왜경 앞잡이에게 수모를 당했으니 어찌 통분하지 않겠는가.

내가 조국 해방을 위해
일본 놈들과 싸울 때도
이런 수모를 당하지 않았는데
해방된 조국에서 악질 친일파
경찰 놈 수갑을 차고
두들겨 맞다니…

여성 독립운동가
정정화(1900~1991)는
대한민국 상해 임시정부에서
독립 자금을 모금하러
국내에 들어왔다가
일경에 체포되어
옥고를 치렀다.
6·25 전쟁 때 피난 가지 않고
서울에 남았다가
부역죄 혐의로 종로경찰서에
끌려간 것이다.

종로경찰서에서
나를 구타한 사람이
일제 때
나를 구속했던
바로 그 노덕술이란
놈이었어.

1943년
합천 독서회 사건으로
구속되어
1년 옥고를 치렀던
이구영(1920~2006)은
6·25 전쟁 때
1950년 9월 북한으로
넘어갔다가
1958년 7월
남파 공작을 위해
남으로 왔다.

접선에 실패하고
그해 9월 부산에서
체포되었는데
그때 나를 체포한 형사 역시
일제시대 나를 고문했던
노덕술 그놈이었어.

김원봉 체포를 지시한 사람은
수도경찰청장 장택상이었다.

장택상은 독립운동가들에게
심한 원한을 갖고 있었다.

장택상의 부친
장승원은 경북 칠곡의 대지주였다.

군자금을 구하러 간 광복회원 박상진이
장승원이 지원에 불응하자
사살한 것에 대한 원한이었다.

내 원한을
풀어줄 사람은
너뿐이다,
노덕술!

노덕술은
일제의 대표적
악질 경찰관이었다.
혹독한 고문으로
독립운동가 세 명을
죽였다.

동래경찰서 고등계 형사,
평남 소속 보안과장,
통영시 사법주임, 경기도경찰서
고등계 형사주임 등을
역임하면서
수많은 독립운동가를
붙잡아 심한 고문을 했다.

해방이 되자 재빨리
수도청장 장택상에게
빌붙어 미 군정 경찰로
복직하고
수도청 수사과장으로
변신했다.

340

미 군정 경찰이 된 노덕술은
일경 출신 경찰 간부들과 함께
반민족회의특별조사위원회
요원들의 암살을 기도하기도 했다.

1948년 설립된
반민특위는
일제강점기 35년 동안
자행된 친일파의
반민족 행위를
처벌하기 위해
만들어진 단체였다.

친일 부역자들을 끌어안고 있었던 미 군정은 반민특위 설립을 반대했다.

저 집이냐?

예.

몇 명이나
드나들었지?

오늘 종일
두 명이었습니다.

짐작건대 서너 명이
저 집에 있을 겁니다.

창문에 불빛이
보이지 않는데.

방마다 두꺼운 커튼을
쳤을 겁니다.

독립혁명가 김원봉

그놈은
마루 왼쪽 방에
있을 겁니다.

오늘 한 놈이 들락거렸는데
음식물이나 요강을
운반한 듯합니다.

넷은 왼쪽 방을 치고
둘은 나랑
마루 있는 방을 친다.

독립혁명가 김원봉

누구야!

쿵

뭐… 뭐냐?

앗!

헛짓 마!

야!
무슨 일 있어?

독립혁명가 김원봉

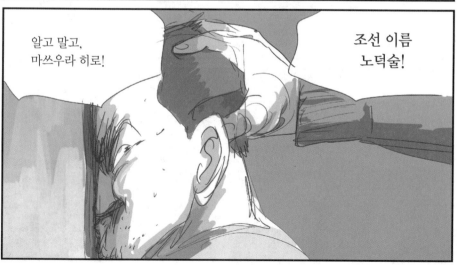

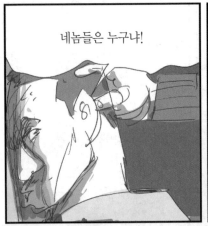

네놈들은 누구냐!

반민족행위특별조사위원회!

이놈 얼굴 보여?
완전 체념한 얼굴이야.

부장님,
방에서 이런 게
나왔습니다!

독립혁명가 김원봉

자동차 키 아니냐!

도망 다니는 놈이
차 대기시켜놓고
졸병 세 명씩 거느리고
있었어?

기가 막힌다,
기가 막혀.

그러나

반민특위가 애써 체포한 노덕술을
이승만이 석방시켜버렸고
되레 반민특위가 해체되는 계기가 되었다.

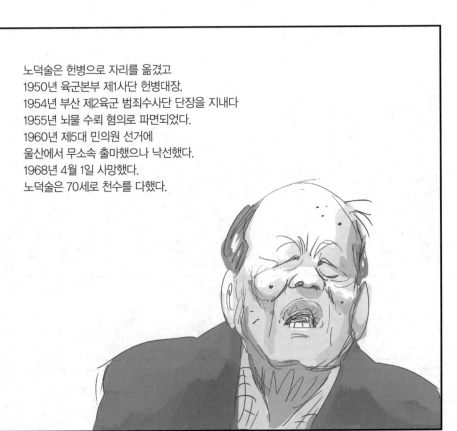

노덕술은 헌병으로 자리를 옮겼고
1950년 육군본부 제1사단 헌병대장,
1954년 부산 제2육군 범죄수사단 단장을 지내다
1955년 뇌물 수뢰 혐의로 파면되었다.
1960년 제5대 민의원 선거에
울산에서 무소속 출마했으나 낙선했다.
1968년 4월 1일 사망했다.
노덕술은 70세로 천수를 다했다.

훈장도 세 개나 받았다.

1950년 화랑무공훈장	1951년 화랑무공훈장	1953년 충무무공훈장

독립혁명가 김원봉

1948년 해방 3년차

김원봉은 남쪽에서 설 땅이 거의 없어졌다.

1월 7일
유엔한국임시위원단 입국

1개월 후 단독정부 반대와
유엔한국임시위원단을
거부하는 총파업과 시위
발생

2월 10일
김구가 단독정부 수립에
반대하며
〈삼천만 동포에게 읍고함〉
이라는 성명을 발표.
남북협상 제안.

2월 19일 유엔한국임시위원단
제2분과위원회는
미 군정의 하지 중장에게
좌익계 지도자들의
신변을 보장해줄 것을
약속받았다.
그러나 여전히 위협을 느낀
좌익계는 공개적 장소에
나타나지 않았다.

이승만과 한민당 등
분단 세력은
단독정부 수립을
기정사실화.
총선 준비 시작.

제주에서는 단독정부 수립에 반대했고 제주 4·3 항쟁이 발발했다.
1947년 3월부터 시작해 1954년 9월에 끝난 4·3 항쟁 때 무고한 도민 3~5만 명이 희생되었다.

3월 2일 북측은
남조선의
단독정부 수립을 반대하며
조선의 통일적
자주독립을 위해
전조선 제정당사회단체
대표자 연석회의를
4월 14일 평양에서
열자고 방송으로 제안했다.

방송 이틀 후
김일성과 김두봉이
김구와 김규식에게
평양에서
미국·소련 양군 철수,
분단 정부 수립 반대 등을
거국적으로 논의하자고
제안하는 편지를 보냈다.

북측은 연석회의에 참가할 사람까지 지명했다.

남조선: 김구, 김규식, 조소앙, 홍명희,
　　　　백남운, 김봉준, 김일청, 이주로,
　　　　박헌영, 허헌, 김원봉, 허성택,
　　　　유영준, 송을수, 김창준

북조선: 김일성, 김두봉, 최용건,
　　　　김달헌, 박정애 외 5명

1947년 7월 19일
해방 정국의 주역 중
한 사람이었던 여운형이
암살되었다.

김원봉은 여운형의 인민장 장례위원장을 맡아 장례식을 주관했다.

정치적 구상이 다르다고 그것을 구실 삼아 민족의 지도자를 살해하는 이런 죄악은 천추에 용서받지 못할 짓이다.

그의 죽음은 민족국가의 부흥 발전에 큰 상처를 남겼다.

여운형의 장례식 행사는 김원봉이 남한에서 활동한 마지막 공개 행사였다.

부우웅

독립혁명가 김원봉

1948년 4월 9일

독립혁명가 김원봉

김원봉은 스님으로 위장해서 가족과 함께 월북했다.

김원봉의 형제들 중 네 명은 한국전쟁 이후 보도연맹 사건으로 총살당했다.

김원봉은 왜 북으로 갔을까?

첫째, 신변의 위협이다.
여러 곳에 은신처를 만들고 수시로 옮겨 다녔지만
경찰의 감시망과 계속되는 테러 위협에 불안을 느꼈다.
여운형의 피살이 그것이다.

둘째, 정치 상황의 변화이다.
미국이 단독선거를 통해 남한에 친미 정권을 세우려는 정책이
굳어지면서 중간 세력과 좌파 세력의 설 자리가 없어져버렸다.
김원봉은 더 이상 남한에서 정치적 활동 영역을 확보하기 어려워진 것이다.

셋째, 1947년 군정 경찰의 체포령이 내려졌다.
남로당과 민전 산하단체 폐쇄 조치와 대대적인 검거 선풍이 일어났다.

넷째, 당시 북한에는 김원봉의 예전 동지들이
정치적 기반을 잡고 있었다.

다섯째, 북한 정권 실세 최용건 관련설이다.
황포군관학교 교관을 거쳐
광주봉기에도 참가했던 그는 북한 정권이 수립되면서
부수상 겸 민족보위상으로 2인자의 위치에 있었다.

조선혁명선언

조선혁명선언(의열단 선언)을 작성한 신채호는 독립 운동에서 평화적·외교적 방법을 배척하고 시대적 상황에 따라 혁명적·투쟁적 방법을 주장했다. 한국의 무정부주의 결사 단체 의열단은 이것을 인쇄, 배포하고 단원들의 필독서로 지정했다.

1

강도 일본이 우리의 국호를 없이 하며, 우리의 정권을 빼앗으며, 우리 생존적 필요조건을 다 박탈하였다. 경제의 생명인 산림·천택(川澤)·철도·광산·어장 내지 소공업 원료까지 다 빼앗아 일체의 생산기능을 칼로 베이며 도끼로 끊고, 토지세·가옥세·인구세·가축세·백일세(百一稅)·지방세·주초세(酒草稅)·비료세·종자세·영업세·청결세·소득세—기타 각종 잡세가 날로 증가하여 혈액은 있는 대로 다 빨아가고, 어지간한 상업가들은 일본의 제조품을 조선인에게 매개하는 중간인이 되어 차차 자본집중의 원칙하에서 멸망할 뿐이요, 대다수 민중 곧 일반 농민들은 피땀을 흘리어 토지를 갈아, 그 일년 내 소득으로 일신(一身)과 처자의 호구거리도 남기지 못하고, 우리를 잡아먹으려는 일본 강도에게 갖다 바치어 그 살을 찌워주는 영원한 우마(牛馬)가 될 뿐이오, 끝내 우마의 생활도 못하게 일본 이민의 수입이 해마다 높은 비율로 증가하여 딸각발이 등쌀에 우리 민족은 발 디딜 땅이 없어 산으로 물로, 서간도로 북간도로, 시베리아의 황야로 몰리어 가 배고픈 귀신이 아니면 정처없이 떠돌아다니는 귀신이 될 뿐이며,

강도 일본이 헌병정치·경찰정치를 힘써 행하여 우리 민족이 한발자국의 행동도 임의로 못하고, 언론·출판·결사·집회의 일체의 자유가 없어 고통의 울분과 원한이 있어도 벙어리의 가슴이나 만질 뿐이오, 행복과 자유의 세계에는 눈뜬 소경이 되고, 자녀가 나면, "일어를 국어라, 일문을 국문이라" 하는 노예양성소—학교로 보내고, 조선 사

람으로 혹 조선사를 읽게 된다 하면 "단군을 속여 소전오존의 형제"라 하며, "삼한시대 한강 이남을 일본 영지"라 한 일본 놈들 적은 대로 읽게 되며, 신문이나 잡지를 본다 하면 강도정치를 찬미하는 반일본화(半日本化)한 노예적 문자뿐이며, 똑똑한 자제가 난다 하면 환경의 압박에서 염세절망의 타락자가 되거나 그렇지 않으면 〈음모사건〉의 명칭하에 감옥에 구류되어, 주리를 틀고 목에 칼을 씌우고 발에 쇠사슬 채우기, 단근질·채찍질·전기질, 바늘로 손톱 밑과 발톱 밑을 쑤시는, 수족을 달아 매는, 콧구멍에 물을 붓는, 생식기에 심지를 박는 모든 악형, 곧 야만 전제국의 형률사전에도 없는 가진 악형을 다 당하고 죽거나, 요행히 살아 옥문에서 나온대야 종신 불구의 폐질자가 될 뿐이다. 그렇지 않을지라도 발명 창작의 본능은 생활의 곤란에서 단절하며, 진취 활발의 기상은 경우(境遇)의 압박에서 소멸되어 "찍도 쩍도" 못하게 각 방면의 속박·채찍질·구박·압제를 받아 환해 삼천리가 일개 대감옥이 되어, 우리 민족은 아주 인류의 자각을 잃을 뿐 아니라, 곧 자동적 본능까지 잃어 노예로부터 기계가 되어 강도 수중의 사용품이 되고 말 뿐이며,

강도 일본이 우리의 생명을 초개(草芥)로 보아, 을사 이후 13도의 의병나던 각 지방에서 일본군대의 행한 폭행도 이루 다 적을 수 없거니와, 즉 최근 3·1운동 이후 수원·선천 등의 국내 각지부터 북간도·서간도·노령·연해주 각처까지 도처에 거민을 도륙한다, 촌락을 불지른다, 재산을 약탈한다, 부녀를 욕보인다, 목을 끊는다, 산 채로 묻는다, 불에 사른다, 혹 일신을 두 동가리 세 동가리로 내어 죽인다, 아동을 악형한다, 부녀의 생식기를 파괴한다 하여 할 수 있는 데까지 참혹한 수단을 써서 공포와 전율로 우리 민족을 압박하여 인간의 〈산송장〉을 만들려 하는 도다.

이상의 사실에 의거하여 우리는 일본 강도정치 곧 이족통치가 우리 조선민족 생존의 적임을 선언하는 동시에, 우리는 혁명수단으로 우리 생존의 적인 강도 일본을 살벌함이 곧 우리의 정당한 수단임을 선언하노라.

내정독립이나 참정권이나 자치를 운동하는 자가 누구이냐.

너희들이 〈동양평화〉〈한국독립보존〉 등을 담보한 맹약이 먹도 마르지 아니하여 삼천리 강토를 집어 먹던 역사를 잊었느냐? "조선인민 생명·재산·자유 보호" "조선인민 행복증진" 등을 거듭 밝힌 선언이 땅에 떨어지지 아니하여 2천만의 생명이 지옥에 빠지던 실제를 못 보느냐? 3·1 운동 이후에 강도 일본이 또 우리의 독립운동을 완화시키려고 송병준·민원식 등 한두 매국노를 시키어 이따위 광론을 외침이니, 이에 부화뇌동하는 자가 맹인이 아니면 어찌 간사한 무리가 아니냐?

설혹 강도 일본이 과연 관대한 도량이 있어 개연히 이러한 요구를 허락한다 하자. 소위 내정독립을 찾고 각종 이권을 찾지 못하면 조선민족은 일반의 배고픈 귀신이 될 뿐이 아니냐? 참정권을 획득한다 하자. 자국의 무산계급 혈액까지 착취하는 자본주의 강도국의 식민지 인민이 되어 몇 개 노예 대의사(代議士)의 선출로 어찌 아사의 화를 면하겠는가? 자치를 얻는다 하자. 그 어떤 종류의 자치임을 묻지 않고 일본이 그 강도적 침략주의의 간판인 〈제국〉이란 명칭이 존재한 이상에는, 그 지배하에 있는 조선인민이 어찌 구구한 자치의 헛된 이름으로써 민족적 생존을 유지하겠는가?

설혹 강도 일본이 불보살(佛菩薩)이 되어 하루 아침에 총독부를 철폐하고 각종 이권을 다 우리에게 환부하며, 내정 외교를 다 우리의 자유에 맡기고, 일본의 군대와 경찰을 일시에 철환하며, 일본의 이주민을 일시에 소환하고 다만 헛된 이름의 종주권만 가진다 할지라도 우리가 만일 과거의 기억이 전멸하지 아니하였다 하면, 일본을 종주국으로 봉대한다 함이 〈치욕〉이란 명사를 아는 인류로는 못할지니라.

일본 강도 정치하에서 문화운동을 부르는 자가 누구이냐? 문화는 산업과 문물의 발달한 총적(總積)을 가리키는 명사니, 경제약탈의 제도하에서 생존권이 박탈된 민족은 그 종족의 보존도 의문이거든, 하물며 문화발전의 가능이 있으랴? 쇄망한 인도족·유태족도 문화가 있다 하지만, 하나는 금전의 힘으로 그 조상의 종교적 유업을 계속함이며, 하나는 그 토지의 넓음과 인구의 많음으로 상고(上古)에 자유롭게 발달한 문명의 남은 혜택을 지킴이니, 어디 모기와 등에 같이, 승냥이와 이리같이 사람의 피를 빨다가 골수까지 깨무는 강도 일본의 입에 물린 조선 같은 데서 문화를 발전 혹 지켰던 전례가 있더냐? 검열·압수, 모든 압박 중에 몇몇 신문·잡지를 가지고 〈문화운동〉의 목탁으로 스스로 떠들어대며, 강도의 비위에 거스르지 아니할 만한 언론이나 주창하여 이것을 문화 발전의 과정으로 본다 하면, 그 문화 발전이 도리어 조선의 불행인가 하노라.

이상의 이유에 의거하여 우리는 우리의 생존의 적인 강도 일본과 타협하려는 자나 강도 정치하에서 기생하려는 주의를 가진 자나 다 우리의 적임을 선언하노라.

3

강도 일본의 구축(驅逐)을 주장하는 가운데 또 다음과 같은 논자들이 있으니,

제1은 외교론이니, 이조 5백년 문약정치(文弱政治)가 외교로써 호국의 좋은 계책으로 삼아 더욱 그 말세에 대단히 심하여 갑신(甲申) 이래 유신당(維新黨)·수구당(守舊黨)의 성쇠가 거의 외원의 도움의 유무에서 판결되며, 위정자의 정책은 오직 갑국을 끌어당겨 을국을 제압함에 불과하였고, 그 믿고 의지하는 습성이 일반 정치사회에 전염되어 즉 갑오·갑신 양 전역에 일본이 수십만 명의 생명과 수억만의 재산을 희생하여 청·노 양국을 물리고, 조선에 대하여 강도적 침략주의를 관철하려 하는데 우리 조선의 "조국을 사랑한다. 민족을 건지려 한다" 하는 이들은 일검일탄으로 어리석고 용렬하며 탐욕스런 관리나 국적에게 던지지 못하고, 탄원서나 열국공관(列國公館)에 던지며, 청원서나 일본 정부에 보내어 국세(國勢)의 외롭고 약함을 애소(哀訴)하여 국가 존망·민족사활의 대문제를 외국인 심지어 적국인의 처분으로 결정하기만 기다리었도다. 그래서 〈을사조약〉〈경

술합병〉 – 곧 〈조선〉이란 이름이 생긴 뒤 몇천 년 만에 처음 당하던 치욕에 대한 조선민족의 분노적 표시가 겨우 하얼빈의 총, 종로의 칼, 산림유생의 의병이 되고 말았도다.

아! 과거 수십 년 역사야말로 용기 있는 자로 보면 침을 뱉고 욕할 역사가 될 뿐이며, 어진 자로 보면 상심할 역사가 될 뿐이다. 그러고도 국망 이후 해외로 나가는 모모 지사들의 사상이, 무엇보다도 먼저 외교가 그 제1장 제1조가 되며, 국내 인민의 독립운동을 선동하는 방법도 "미래의 일미전쟁(日美戰爭)·일로전쟁 등 기회"가 거의 천편일률의 문장이었고, 최근 3·1 운동의 일반 인사의 〈평화회의〉〈국제연맹〉에 대한 과신의 선전이 도리어 2천만 민중의 용기있게 힘써 앞으로 나아가는 의기를 없애는 매개가 될 뿐이었도다.

제2는 준비론이니, 을사조약의 당시에 열국공관에 빗발돋듯 하던 종이쪽지로 넘어가는 국권을 붙잡지 못하며, 정미년의 헤이그밀사도 독립회복의 복음을 안고 오지 못하매, 이에 차차 외교에 대하여 의문이 되고 전쟁이 아니면 안되겠다는 판단이 생기었다. 그러나 군인도 없고 무기도 없이 무엇으로써 전쟁하겠느냐? 산림유생들은 춘추대의에 성패를 생각지 않고 의병을 모집하여 아관대의로 지휘의 대장이 되며, 사냥포수의 총든 무리를 몰아가지고 조일전쟁(朝日戰爭)의 전투선에 나섰지만 신문 쪽이나 본 이들 – 곧 시세를 짐작한다는 이들은 그리할 용기가 아니 난다. 이에 "금일 금시로 곧 일본과 전쟁한다는 것은 망발이다. 총도 장만하고, 돈도 장만하고, 대포도 장만하고, 장관이나 사졸감까지라도 다 장만한 뒤에야 일본과 전쟁한다" 함이니, 이것이 이른바 준비론 곧 독립전쟁을 준비하자 함이다. 외세의 침입이 더할수록 우리의 부족한 것이 자꾸 감각되어, 그 준비론의 범위가 전쟁 이외까지 확장되어 교육도 진흥해야겠다, 상공업도 발전해야겠다, 기타 무엇 무엇 일체가 모두 준비론의 부분이 되었다. 경술 이후 각 지사들이 혹 서·북간도의 삼림을 더듬으며, 혹 시베리아의 찬 바람에 배부르며, 혹 남·북경으로 돌아다니며, 혹 미주나 하와이로 돌아가며, 혹 경향(京鄉)에 출몰하여 십여 년 내외 각지에서 목이 터질 만치 준비! 준비!를 불렀지만, 그 소득이 몇 개 불완전한 학교와 실력이 없는 단체뿐이었다. 그러나 그들의 성의의 부족이 아니라 실은 그 주장의 착오이다. 강도 일본이 정치·경제 양 방면으로 구박을 주어 경제가 날로 곤란하고 생산기관이 전부 박탈되어 입고 먹을 방책도 단절되는 때에, 무엇으로 어떻게 실업을 발전하며, 교육을 확장하며, 더구나 어디서 얼마나 군인을 양성하며, 양성한들 일본전투력의 백분의 일의 비교라도 되게 할 수 있느냐? 실로 한바탕의 잠꼬대가 될 뿐이로다.

이상의 이유에 의하여 우리는 〈외교〉 〈준비〉 등의 미몽을 버리고 민중 직접혁명의 수단을 취함을 선언하노라.

4

조선민족의 생존을 유지하자면, 강도 일본을 쫓아내어야 할 것이며, 강도 일본을 쫓아내려면 오직 혁명으로써 할 뿐이니, 혁명이 아니고는 강도 일본을 쫓아낼 방법이 없는 바이다.

그러나 우리가 혁명에 종사하려면 어느 방면부터 착수하겠는가?

구시대의 혁명으로 말하면, 인민은 국가의 노예가 되고 그 위에 인민을 지배하는 상전 곧 특수세력이 있어 그 소위 혁명이란 것은 특수세력의 명칭을 변경함에 불과하였다. 다시 말하면 곧 〈을〉의 특수세력으로 〈갑〉의 특수세력을 변경함에 불과하였다. 그러므로 인민은 혁명에 대하여 다만 갑·을 양세력 곧 신·구 양 상전의 누가 더 어질며, 누가 더 포악하며, 누가 더 선하며, 누가 더 악한가를 보아 그 향배를 정할 뿐이요, 직접의 관계가 없었다. 그리하여 "임금의 목을 베어 백성을 위로한다"가 혁명의 유일한 취지가 되고 "한 도시락의 밥과 한 종지의 장으로써 임금의 군대를 맞아 들인다"가 혁명사의 유일미담이 되었거니와, 금일 혁명으로 말하면 민중이 곧 민중 자기를 위하여 하는 혁명인 고로 〈민중혁명〉이라 〈직접 혁명〉이라 칭함이며, 민중 직접의 혁명인 고로 그 비등·팽창의 열도가 숫자상 강약 비교의 관념을 타파하며, 그 결과의 성패가 매양 전쟁학상의 정해진 판단에서 이탈하여 돈 없고 군대 없는 민중으로 백만의 군대와 억만의 부력(富力)을 가진 제왕도 타도하며 외국의 도적들도 쫓아내니, 그러므로 우리 혁명의 제일보는 민중각오의 요구니라.

민중이 어떻게 각오하는가?

민중은 신인이나 성인이나 어떤 영웅 호걸이 있어 〈민중을 각오〉하도록 지도하는 데서 각오하는 것도 아니요, "민중아, 각오하자" "민중이여, 각오하여라" 그런 열렬한 부르짖음의 소리에서 각오하는 것도 아니다.

오직 민중이 민중을 위하여 일체 불평·부자연·불합리한 민중향상의 장애부터 먼저 타파함이 곧 〈민중을 각오케〉 하는 유일한 방법이니, 다시 말하자면 곧 먼저 깨달은 민중이 민중의 전체를 위하여 혁명적 선구가 됨이 민중 각오의 첫째 길이다.

일반 민중이 배고픔, 추위, 피곤, 고통, 처의 울부짖음, 어린애의 울음, 납세의 독촉, 사채의 재촉, 행동의 부자유, 모든 압박에 졸리어 살려니 살 수 없고 죽으려 하여도 죽을 바를 모르는 판에, 만일 그 압박의 주인 되는 강도정치의 시설자인 강도들을 때려누이고, 강도의 일체 시설을 파괴하고, 복음이 사해(四海)에 전하여 뭇 민중이 동정의 눈물을 뿌리어, 이에 사람마다 그 〈아사(餓死)〉 이외에 오히려 혁명이란 일로가 남아 있음을 깨달아, 용기 있는 자는 그 의분에 못 이기어, 약자는 그 고통에 못 견디어, 모두 이 길로 모여들어 계속적으로 진행하며 보편적으로 전염하여 거국일치의 대혁명이 되면, 간활잔포한 강도 일본이 필경 쫓겨 나가는 날이리라. 그러므로 우리의 민중을 깨우쳐 강도의 통치를 타도하고 우리 민족의 신생명을 개척하자면 양병 10만이 폭탄을 한 번 던진 것만 못하며 억천장 신문 잡지가 일회 폭동만 못할지니라.

민중의 폭력적 혁명이 발생치 아니하면 그만이거니와, 이미 발생한 이상에는 마치 낭떠러지에서 굴리는 돌과 같아서 목적지에 도달하지 아니하면 정지하지 않는 것이다. 우리의 경험으로 말하면 갑신정변은 특수세력이 특수세력과 싸우던 궁궐 안 한 때의 활극이 될 뿐이며, 경술 전후의 의병들은 충군애국의 대의로 분격하여 일어난 독서계급의 사상이며, 안중근·이재명 등 열사의 폭력적 행동이 열렬하였지만 그 후면에 민중적 역량의 기초가 없었으며, 3·1운동의 만세소리에 민중적 일치의 의기가 언뜻 보였지만 또한 폭력적 중심을 가지지 못하였도다. 〈민중·폭력〉양자의 그 하나만 빠지면 비록 천지를 뒤흔드는 소리를 내며 장열한 거동이라도 또한 번개같이 수그러지는도다.

조선 안에 강도 일본이 제조한 혁명 원인이 산같이 쌓였다. 언제든지 민중의 폭력적 혁명이 개시되어 "독립을 못하면 살지 않으리라" "일본을 쫓아내지 못하면 물러서지 않으리라"는 구호를 가지고 계속 전진하면 목적을 관철하고야 말지니, 이는 경찰의 칼이나 군대의 총이나 간활한 정치가의 수단으로도 막지 못하리라.

혁명의 기록은 자연히 처절하고 씩씩한 기록이 되리라. 그러나 물러서면 그 후면에는 어두운 함정이요, 나아가면 그 전면에는 광명한 활기이니, 우리 조선민족은 그 처절하고 씩씩한 기록을 그리면서 나아갈 뿐이니라.

이제 폭력—암살·파괴·폭동—의 목적물을 열거하건대,

　　　1. 조선총독 및 각 관공리
　　　2. 일본천황 및 각 관공리
　　　3. 정탐꾼·매국적
　　　4. 적의 일체 시설물

이외에 각 지방의 신사나 부호가 비록 현저히 혁명운동을 방해한 죄가 없을지라도 만일 언어 혹 행동으로 우리의 운동을 지연시키고 중상하는 자는 우리의 폭력으로써 마주할 지니라. 일본인 이주민은 일본 강도정치의 기계가 되어 조선민족의 생존을 위협하는 선봉이 되어 있은즉 또한 우리의 폭력으로 쫓아낼지니라.

5

혁명의 길은 파괴부터 개척할지니라. 그러나 파괴만 하려고 파괴하는 것이 아니라 건설하려고 파괴하는 것이니, 만일 건설할 줄을 모르면 파괴할 줄도 모를지며, 파괴할 줄을 모르면 건설할 줄도 모를지니라. 건설과 파괴가 다만 형식상에서 보아 구별될 뿐이요, 정신상에서는 파괴가 곧 건설이니 이를테면 우리가 일본 세력을 파괴하려는 것이 제1은, 이족통치를 파괴하자 함이다. 왜? 〈조선〉이란 그 위에 〈일본〉이란 이민족 그것이 전제(專制)하여 있으니, 이족 전제의 밑에 있는 조선은 고유적 조선이 아니니, 고유적 조선을 발견하기 위하여 이족통치를 파괴함이니라.

제2는 특권계급을 파괴하자 함이다. 왜? 〈조선민중〉이란 그 위에 총독이니 무엇이니 하는 강도단의 특권계급이 압박하여 있으니, 특권계급의 압박 밑에 있는 조선민중은 자유적 조선민중이 아니니, 자유적 조선민중을 발견하기 위하여 특권계급을 타파함이니라.

제3은 경제약탈제도를 파괴하자 함이다. 왜? 약탈제도 밑에 있는 경제는 민중 자기가 생활하기 위하여 조직한 경제가 아니고 민중을 잡아먹으려는 강도의 살을 찌우기 위하여 조직한 경제니, 민중생활을 발전하기 위하여 경제 약탈제도를 파괴함이니라.

제4는 사회적 불평균을 파괴하자 함이다. 왜? 약자 위에 강자가 있고 천한 자 위에 귀한 자가 있어 모든 불평등을 가진 사회는 서로 약탈, 서로 박탈, 서로 질투·원수시하는 사회가 되어, 처음에는 소수의 행복을 위하여 다수의 민중을 해치다가 말경에는 또 소수끼리 서로 해치어 민중 전체의 행복이 필경 숫자상의 공(空)이 되고 말 뿐이니, 민중 전체의 행복을 증진하기 위하여 사회적 불평등을 파괴함이니라.

제5는 노예적 문화사상을 파괴하자 함이다. 왜? 전통적 문화사상의 종교·윤리·문학·미술·풍속·습관 그 어느 무엇이 강자가 제조하여 강자를 옹호하던 것이 아니더냐? 강자의 오락에 이바지하던 도구가 아니더냐? 일반 민중을 노예화하게 했던 마취제가 아니더냐? 소수 계급은 강자가 되고 다수 민중은 도리어 약자가 되어 불의의 압제를 반항치 못함은 전혀 노예적 문화사상의 속박을 받은 까닭이니, 만일 민중적 문화를 제창하여 그 속박의 철쇄를 끊지 아니하면, 일반 민중은 권리 사상이 박약하며 자유 향상의 흥미가 결핍하여 노예의 운명 속에서 윤회할 뿐이다. 그러므로 민중문화를 제창하기 위하여 노예적 문화사상을 파괴함이니라.

다시 말하자면 〈고유적 조선의〉 〈자유적 조선민중의〉 〈민중적 경제의〉 〈민중적 사회의〉 〈민중적 문화의〉 조선을 건설하기 위하여 〈이족통치의〉 〈약탈제도의〉 〈사회적 불평등의〉 〈노예적 문화사상의〉 현상을 타파함이니라. 그런즉 파괴적 정신이 곧 건설적 주장이라. 나아가면 파괴의 〈칼〉이 되고 들어오면 건설의 〈깃발〉이 될지니, 파괴할 기백은 없고 건설하고자 하는 어리석은 생각만 있다 하면 5백년을 경과하여도 혁명의 꿈도 꾸어보지 못할지니라. 이제 파괴와 건설이 하나요 둘이 아닌 줄 알진대, 민중적 파괴 앞에는 반드시 민중적 건설이 있는 줄 알진대, 현재 조선민중은 오직 민중적 폭력으로 신조선(新朝鮮) 건설의 장애인 강도 일본 세력을 파괴할 것뿐인 줄을 알진대, 조선민중이 한 편이 되고 일본강도가 한 편이 되어, 네가 망하지 아니하면 내가 망하게 된 〈외나무다리 위〉에 선 줄을 알진대, 우리 2천만 민중은 일치로 폭력 파괴의 길로 나아갈지니라.

민중은 우리 혁명의 대본영(大本營)이다.

폭력은 우리 혁명의 유일 무기이다.

우리는 민중 속에 가서 민중과 손을 잡고 끊임없는 폭력 - 암살·파괴·폭동으로써,

강도 일본의 통치를 타도하고,

우리 생활에 불합리한 일체 제도를 개조하여,

인류로써 인류를 압박치 못하며,

사회로써 사회를 수탈하지 못하는 이상적 조선을 건설할지니라.

1923년 1월

김원봉 연보

연도(나이)	관계사항	국내외 사건
1898년(1세)	9월 경남 밀양구 부북면 감천리 57번지 출생	
1905년(8세)	서당 입학	
1908년(11세)	보통학교 2학년 편입	
1910년(13세)	밀양 사립 동화 중학교 입학, 중퇴	8월 한일합병
1916년(19세)	연초 서울 사립 중앙학교 입학, 중퇴	
	10월 중국 천진 덕화학당 입학	
1917년(20세)	여름방학 때 귀국	
1918년(21세)	9월 중국 남경 금릉대학 입학	
1919년(22세)	2월 남경에서 봉천으로 감	
	6월 서간도 신흥무관학교 입학	
	9월 신흥무관학교 퇴교, 길림으로 감	
	11월 의열단 창단(길림)	
	의열단원들 상해에서 폭발탄과 총기를 구함	
1920년(23세)	5월 안창호 만남	
	6월 곽재기, 이성우 등 의열단원 폭탄 국내 반입 시도	
	9월 의열단원 박재혁 부산경찰서 폭탄 투척	
1921년(24세)	5월 상해에서 반 이승만 운동 참여	
	9월 의열단원 김익상 조선총독부 폭탄 투척	
1922년(25세)	3월 의열단원 김익상, 오성륜, 이종암 일본육군대장 저격(상해)	
	5월 의열단원 오성륜 상해 일본 영사경찰관 유치장 파옥, 탈출	
	6월 의열단 제2차 암살·파괴 계획 착수	

연도(나이)	관계사항	국내외 사건
1923년(26세)	1월 신채호 〈조선혁명선언〉(의열단 선언) 작성	1월 국민대표회 개최
	의열단원 김상옥 종로경찰서 폭탄 투하, 서울에서	(상해)
	일경과 총격 끝에 일주일 만에 사망	
	제2차 암살·파괴 지휘 책임자 김한 서울에서 피검	
	3월 국내 잠입 의열단원 대거 피검, 제2차 암살·파괴 계획 실패	5월 하순 국민대표회
	6월 의열단 총회 개최(상해)	결렬
1924년(27세)	1월 의열단원 김지섭 동경 이중교 폭파 시도	1월 중국 제1차 국공
	4월 무기, 자금 마련 위해 광동행	합작
	9월 무기, 자금 마련 위해 홍콩행	
	10월 천진행, 상해로 귀환	
	의열단 상해청년동맹회와 싸움	
1925년(28세)	2월 20일 《동아일보》에 〈민족운동과 사회운동〉 투고	
	가을 의열단 광동으로 이동	
1926년(29세)	1월 황포군관학교 4기 입학(광동)	
	늦봄 한국혁명청년회 조직, 중앙위원에 피선	
	6월 여운형과 조선공산당 광동지부 설립 문제로 격론	
	12월 의열단원 나석주 동양척식주식회사에 폭탄 투척	

연도(나이)	관계사항	국내외 사건
1927년(30세)	4월 한국혁명청년회 제2차 임시대회 개최, 광주 탈출, 상해 거쳐 무한행 5월 의열단 독립당촉성회운동 선언 발표 8월 1일 중국공산당의 난창봉기 참여 11월 의열단 중국본부 한인청년 동맹 창립 참여(상해)	4월 12일 장개석 쿠데타, 국민당 내 사회주의자 숙청 7월 13일 제1차 국공합작 종언
1928년(31세)	3월 의열단 회의 개최(상해) 10월 의열단 제3차 대회 개최, 강령 슬로건 발표(상해) 의열단원 이해명 박용만 암살(북경) 11월 의열단 창립 9주년 선언 발표	
1929년(32세)	3월 1일 의열단 3·1 운동 10주년 선언문 발표 봄 의열단 본부를 상해에서 북경으로 옮김 5월《레닌주의》창간호 발간 8월 29일 의열단 중앙집행위원회 국치일 기념 선언 발표 12월 2일 의열단 상해지부 해체 선언	
1930년(33세)	4월 레닌주의정치학교 개교 8월 의열단원 조선공산당재건동맹(조선무산자전위동맹) 북경지부 결성 9월 레닌주의정치학교 1기생 졸업 10월《레닌주의》2호 발간, 레닌주의정치학교	

연도(나이)	관계사항	국내외 사건
1931년(34세)	2기생 입학 연말 의열단원 조공재건동맹 만주지부 결성 2월 레닌주의정치학교 2기생 졸업 4월 의열단원 조공재건동맹 조선지부 간부국 결성 6월 의열단원 국내에서 조선공산당재건동맹 조선지부 설치 10월 의열단 제5차 임시대표회의 개최(북경)	9월 18일 만주사변 발발
1932년(35세)	1월 의열단원 권인갑 강릉지방 청년·농민운동 참여 4월 의열단원 권인갑 강릉공작위원회 결성 주도 봄 의열단 남경으로 이동, 중국국민당정부와 제휴, 조선혁명군사정치간부학교 개설 합의 여름 의열단 혁명간부학교생 모집 시작 9월 말 의열단 남경에서 제6차 정기대표대회 개최(약산은 중앙집행위원장 피선) 10월 12일 의열단 등 5개 독립운동 단체 단체 연합주비회 결성(상해) 20일 남경 교외에서 혁명간부학교 개교 (약산은 교장 취임) 11월 10일 한국대일전선통일동맹 결성(상해)	

연도(나이)	관계사항	국내외 사건
1933년(36세)	12월 20일 의열단 〈공작보고서〉 국민정부에 제출 4월 23일 군관학교 1기생 졸업 6월 말 의열단 대표회의 개최(남경) 7월 혁명간부학교 졸업생 국내, 만주 등 공작지 파견 9월 말 레닌주의정치학교 출신 공작원 대부분 피검, 강릉공작위원회 와해 16일 혁명간부학교 2기생 입학 12월 의열단원 노성석 평남적색농민조합 조직	
1934년(37세)	3월 1일 대일전선통일동맹 제2차 대표회의 22일 혁명간부학교 출신 국내공작원 대부분 피검 4월 초 김구 혁명간부학교 방문 20일 혁명간부학교 2기생 졸업 5월 21일 강릉공작위원회 관계자 21명 예심 회부	
1935년(38세)	4월 2일 혁명간부학교 3기생 입학 7월 5일 의열단, 한국독립당 등 5당이 통합하여 남경에서 한국민족혁명당 결성(중앙집행위원 겸 서기부장 피임) 9월 조소앙, 박창세 등 구 한독당계 민족혁명당 탈당 10월 5일 혁명간부학교 3기생 졸업	7월 코민테른 제7차 대회 민족통일 전선 노선 채택

연도(나이)	관계사항	국내외 사건
1936년(39세)	1월 민족혁명당 기관지《민족혁명》창간호 발간	
	7월 3일《민족혁명》3호 발간(여기에 실린 당기 문제로 이청천파와 갈등 심화)	
	7월 민혁당 남경조선부녀회 결성(책임자 박차정)	12월 12일 서안사변
1937년(40세)	1월 민족혁명당 제2차 전당대표대회 개최(남경)	
	4월 민족혁명당 이청천 제명	
	8월 한국국민당, 한국독립당 등 우파 민족주의 단체 한국광복단체연합회 결성	
	9월 민족혁명당 산하 조선 청년들 중앙군관학교 성자분교 입학	9월 중국 제2차 국공합작 성립
	12월 초 조선민족전선연맹 결성(약산은 이사장으로 취임)	
1938년(41세)	4월 25일 국내 혁명 동지들에게 궐기 호소문 발표	
	5월 17일~19일 민족혁명당 제3차 전당대표대회 개최(강릉)	
	5월 24일 성자분교 조선학생 6개월 훈련 마치고 졸업	
	6월 성자분교 졸업생 무한으로 이동	
	10일 최창익 일파 49명 집단으로 민족혁명당 탈당, 전위동맹 결성	
	7월 7일 조선무장부대(의용대) 건설 계획안 중국 군사위원회에 제출	

연도(나이)	관계사항	국내외 사건
1939년(42세)	10월 10일 조선의용대 창립설(약산은 총대장에 취임) 10월 중하순 조선의용대 무한 방위전 참전 12월 3일 조선의용대 총대 계림 안착 4월 뉴욕에서 조선의용대후원회 결성(이후 시카고, 로스앤젤레스 등 미국 각지에서 결성) 5월 김구와 합작 시도, 동지 동포에게 고함 발표 8월 27일 민족혁명당, 한독당, 조선혁명당, 전위동맹, 해방동맹 등 7당회의 개최 9월 전위동맹, 해방동맹 이탈로 5당 회의 속개, 정국연합전선 합의결성, 민족혁명당 5당 회의 이탈	
1940년(43세)	연초 조선의용대 3지대 신설 10월 1·3 혼성지대는 화중, 화남 전선에서 중경으로 철수 조선의용대 창립 2주년 기념대회 11월 4일 조선의용대 확대간부회의 개최(의용대 북상 결정)	
1941년(44세)	연초 조선의용대 각 지대 낙양으로 이동 4월 조선의용대 황하를 건너 화북으로 진입, 적 후방공작 시도	1월 환남사변 발발 1월 10일 태항산에서 화북 조선청년연합회 결성

독립혁명가 김원봉

연도(나이)	관계사항	국내외 사건
	5월 민족혁명당 제5기 제4차 당중앙회의에서 임정 참여 선언	11월 28일 대한민국 임시정부 건국강령 발표
	10월 민혁당, 임정 의정원 참여 시도	12월 8일 태평양전쟁 발발
	12월 민혁당 제5차 전당대표대회, 임정 참여 선언 (중경)	
1942년(45세)	5월 조선의용대 광복군 제1지대로 편입	
	28일 화북의 조선의용대 참변, 진광화, 윤세주 등 사망(호가장전투)	
	7월 화북 조선의용대 조선의용군으로 개편	
	10월 민족혁명당 임시의정원 참여, 약산은 경상도 대표의원으로 피선경상도 대표의원으로 피선	
	12월 약산 광복군 부사령 겸 제1대장 취임	
1943년(46세)	2월 민혁당 제7차 전당대표대회(중경)	
	5월 주인도 영국군 대표 맥킨시와 민혁당 인도 연락단 파견 관련 협정 체결	
	10월 민혁당 의정원 제35차 회의에서 광복군권 회수 주장, 부인 박차장 사망	
1944년(47세)	5월 8일 임정 군무부장 취임	
1945년(48세)	1월 최동선과 재혼	
	4월 민혁당 임정 의정원회의에서 독립운동가대표 대회안 제출	
	5월 7일 독립운동가대표대회안 임시의정원 통과,	

연도(나이)	관계사항	국내외 사건
	광복군 군권 임정으로 넘어옴	
	6월 11일 한독당에 재정 공개, 비밀외교 중지, 광복군 인사는 민혁당과 상의 외 2개항 요구	
	8월 민혁당 간수내각안 제안	
	9월 조선인민공화국 군사부장 추대	
	10월 10일 민혁당 제9차 전당대표대회(중경)	
	11월 임정요인 상해로 이동	
	12월 2일 귀국	
	3일 서울 도착, 한미호텔 투숙	
	8일 전국농민조합총연맹 결성, 식장 참석	
	맏아들 중근(重根) 출생	
1946년(49세)	1월 2일 김성숙과 함께 국내 좌익과 회담	
	9일 5당회의 임정 대표로 방청	
	23일 비상국민회의 탈퇴	
	2월 8일 태고사에서 이극로와 함께 5당회의 주선	
	15일 민주주의 민족전선 참여, 공동의장 추대됨	
	25일 대구 도착, 환영식 참여, 기자회견	
	26일 밀양 도착	
	27일 황상규 묘소 참배, 밀양제일국교에서 수만 명 운집한 가운데 연설	
	28일 부산 도착, 부산민전 주최 환영회 참석	
	3월 1일 부산·1절 기념식 연설	

독립혁명가 김원봉

연도(나이)	관계사항	국내외 사건
	5일 부산 도착	
	14일 진주 도착, 환영식 참석	
	6월 27일 김규식과 좌우합작 문제로 회담	
	7월 중순 민혁당 좌우합작에 관한 4원칙 제시	
	29일 민혁당 좌우합작 5원칙 지지	
	8월 10일 민혁당 부산시당 결성	
	13일 민혁당 경남도지부 결성	
	9월 14일~19일 민전의장단 회의	
	10월 영남 10월 항쟁 조사단장	
	21일 성북에서 경찰관에 폭행당함	
	11월 14일 이주하 구명 위해 대법원장, 검사총장 면담	
	30일 민혁당 서울시당부 결성	
	12월 기록 필름 〈조선의용대〉 부산시내 각 극장에서 상연	
1947년(50세)	1월 민전 의장 재선	
	3월 하순 군정경찰에 피검	
	둘째아들 철근(鐵根)출생	
	4월 9일 무혐의 석방	
	6월 1~2일 민혁당 제10차 전당대표대회 개최 (서울), 인민공화당으로 개칭	6월 25일 제2차 미소공동 위원회 개최(서울)
	20일 인민공화당 미소공위 대책회의 개최,	

연도(나이)	관계사항	국내외 사건
	약산 미소공위 참가 인민공화당 대표로 선정	
	26일 반탁시위대 투석에 대한 유감 표명 위해	
	공위 대표 방문(덕수궁)	
	7월 김규식, 여운형, 허헌과 함께 4거두 회담,	7월 19일 여운형 피격
	서재필 면담	사망
	17일 공위 경축 임정 수립촉진인민대회 주관	
	(남산공원 60만 참여)	
	8월 3일 여운형 인민장(장례위원)	8월 중순 미 군정 8·15 폭
	12일 약산 집 피습, 민전인공당 사무실 폐쇄	동 음모설 유포하며 좌익
	21일 인공당 부산지부 피습	진영 전면 공격
	트루먼 특사 웨드마이어 약산 등 면담 희망	
	9월 인민공화당, 한독당 등 12개 정당 각 정당	
	협의회 개최	
1948년(51세)	3월 유엔한국임시위원단 약산 등과 면담 희망	1월 유엔한국임시위원단
	19일 민전 산하 단체 대표회의 개최(서울)	내한
	25일 평양방송 정당사회단체 연석회의 제안	2월 7일 남로당 구국투쟁
	4월 9일 민전대표 월북 와료	2월 16일 김구, 김규식 남
	19일 연석회의 주석단의 1인, 인민공화당 대표	북지도자회의 소집 제안
	하여 축사	
	4월 23일 연석회의 사회자	
	6월 29일~7월 5일 남북 정당사회단체연석회	
	의 참여	

연도(나이)	관계사항	국내외 사건
	8월 21~25일 남조선 인민대표자회의 개최(해주), 약산은 최고인민회의 대의원 피선 9월 9일 북한정부 국가검열상 취임	
1952년(55세)	5월 국가검열상 해임 7월 노동상 취임	8월 15일 대한민국 정부 수립
1953년(56세)	11월 납북 임정 인사들과 재회	
1954년(57세)	10월 말 조완구 장례위원회 위원장	
1955년(58세)	1월 10일《로동신문》에 〈남북조선 간의 경제 및 문화 교류는 평화적 조국 통일의 첫걸음〉 기고	
1956년(59세)	7월 2일 재북평화통일촉진협의회 결성식 참여	
1957년(60세)	9월 최고인민회의 상임위원회 부위원장 선임	8월 연안파 종파 사건
1958년(61세)	3월 노력훈장 받음 9월 최고인민회의 상임위원회 부위원장 해임 11월 숙청설	

지도로 보는 김원봉 일생

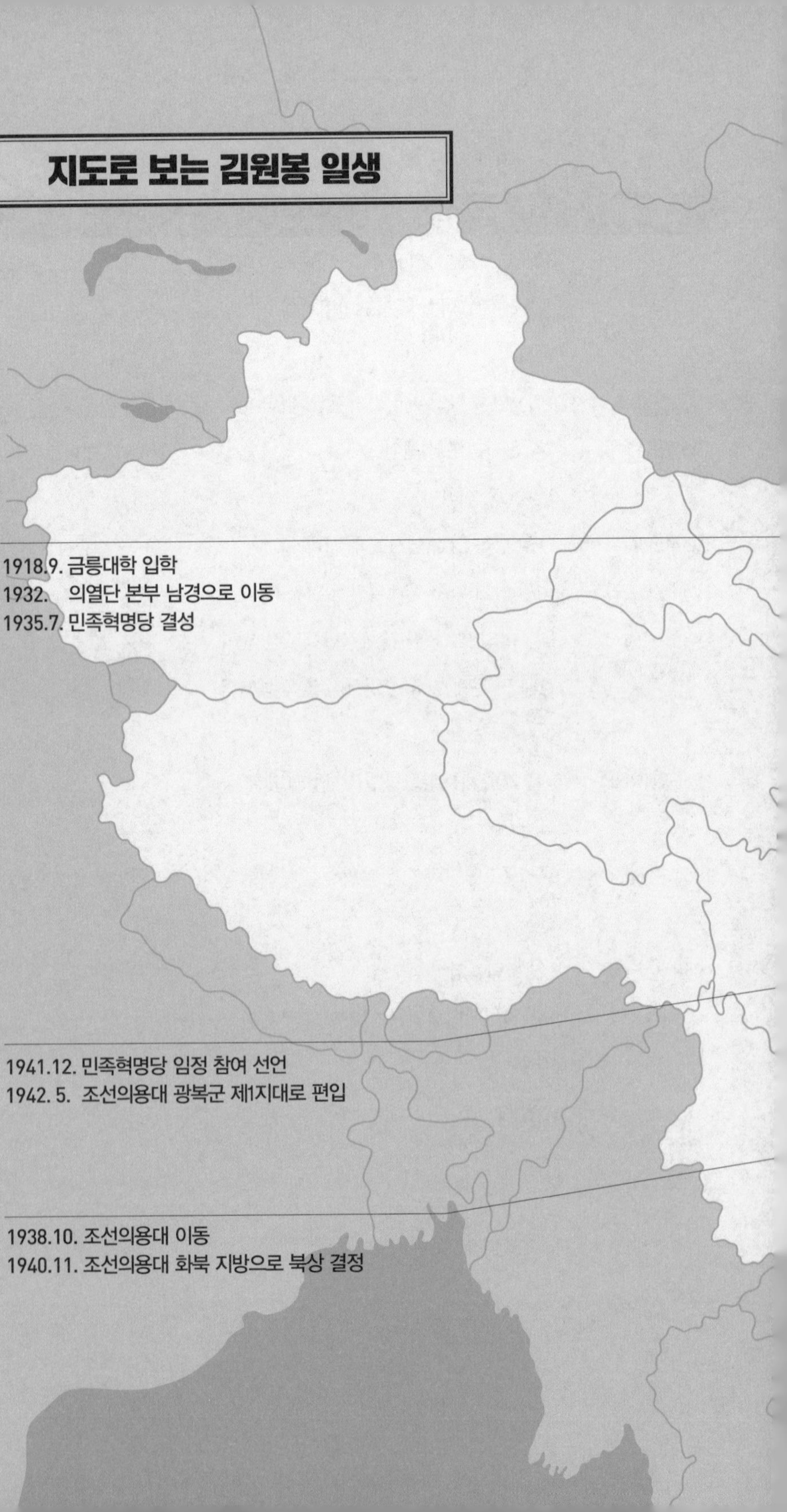

1918.9. 금릉대학 입학
1932.   의열단 본부 남경으로 이동
1935.7. 민족혁명당 결성

1941.12. 민족혁명당 임정 참여 선언
1942. 5. 조선의용대 광복군 제1지대로 편입

1938.10. 조선의용대 이동
1940.11. 조선의용대 화북 지방으로 북상 결정

1919.6. 신흥무관학교 입학
1919.9. 신흥무관학교 퇴교
1919.11. 의열단 창단
길림
★

평양
1948.4. 월북
★

★ **경성**

밀양 ★
1898. 9. 출생

북경 ★
1920.2.
의열단 본부
북경으로 이동
★ **천진**
1916.10. 덕화학당 유학

낙양 ★
1941.
조선의용대 집결

★ **남경**

★ **상해**
1923. 1.
의열단 선언

무한 ★
1938.10
조선의용대 창설

★
중경

★
난창
1927.8.
난창봉기 참여

1916.   서울 유학
1945.12. 상해 거쳐 귀국
1946.10. 성북경찰서 경찰관에
             폭행당함
1947.3.   친일경찰 노덕술에
             고문당함
1947.8.   자택 피습

★
계림

★
광주
1925.   가을 의열단 이동
1926.1.   황포군관학교 4기 입학

김기찬, 《역전 풍경》, 눈빛, 2002

김삼웅, 《약산 김원봉 평전》, 시대의창, 2019

김하늘, 《밀양 사람 김원봉이오》, 북로그컴퍼니, 2019

대한민국임시정부기념사업회, 대한민국임시정부기념관 건립추진위원회,
《사진으로 보는 대한민국 임시정부 1919~1945》, 한울, 2017

손경석, 《근대한국 – 하: 산하와 풍물》, 서문당, 1986

신영훈, 김대벽(사진), 《한옥의 향기》, 대원사, 2000

이규헌, 《근대한국 – 상: 산하와 풍물》, 서문당, 1986

이규헌, 《사진으로 보는 독립운동 – 하》, 서문당, 2000

조풍연, 《사진으로 보는 조선시대》, 서문당, 1987

한영수, 《Seoul Mordern Times》, 한스그라픽, 2014

蔣廷黻, 《蔣廷黻中國近代史》, 江苏人民出版社, 2017

汤伟康, 《百变上海》, 上海人民美術出版社, 2018

黒羽清隆, 梶村秀樹, 《日本の侵略:中国·朝鮮》, ほるぷ出版, 2007

池辺茂彦, 《War movies》, World Photo Press, 1980

독립혁명가 김원봉

초판 1쇄 발행 2020년 8월 5일

글·그림 허영만

펴낸이 신민식
펴낸곳 가디언
출판등록 제2010-000113호

주 소 서울시 마포구 토정로 222 한국출판콘텐츠센터 306호
전 화 02-332-4103
팩 스 02-332-4111
이메일 gadian7@naver.com
홈페이지 www.sirubooks.com

ISBN 979-11-89159-69-6 (03910)

이 도서의 국립중앙도서관 출판예정도서목록(CIP)은 서지정보유통지원시스템 홈페이지
(http://seoji.nl.go.kr)와 국가자료공동목록시스템(http://www.nl.go.kr/kolisnet)에서 이용
하실 수 있습니다.(CIP제어번호: CIP 2020028744)